Gottes sind Wogen und Wind,
Segel aber und Steuer,
dass ihr den Hafen gewinnt,
sind euer.

Gorch Fock, 1880-1916; gefallen in der Skagerrak-See-
schlacht, eigentlich Johannes Kienau, niederdeutscher Er-
zähler, Lyriker, Elbfischer und Marinesoldat

Für Ute, die immer sehr viel Verständnis für meine Segelleidenschaft aufgebracht, mich bei allen Vorhaben unterstützt und mir viele schöne Segeltörns ermöglicht hat.

FSC
www.fsc.org

MIX

Papier aus ver-
antwortungsvollen
Quellen
Paper from
responsible sources

FSC® C105338

Karl-Heinz Hapke

barfuß über den atlantik

Impressum

barfuß über den Atlantik
© 2020 Karl-Heinz Hapke

Umschlaggestaltung und Satz:
Karl-Heinz Hapke

© 2020
Herstellung und Verlag:
BoD - Books on Demand, Norderstedt
www.bod.de

ISBN: 978-3-7504-4080-7

Publisher: Buch-Druck-Erlebnisse
www.khhapke.de

Bibliografische Information der Deutschen
Nationalbibliothek: Die Deutsche Nationalbibliothek
verzeichnet diese Publikation in der Deutschen Nati-
onalbibliografie; detaillierte bibliografische Daten
sind im Internet über http://dnb.d-nb.de abrufbar.

Karl-Heinz Hapke

barfuß über den atlantik

Inhalt

Vorwort

Vorwort

Segelschiffe waren die ersten und für lange Zeit die einzigen und größten Transportmittel des Menschen. So erlaubte die Schifffahrt die Entdeckung fremder Länder und den Handel mit ihnen. Noch heute sind Schiffe die größten beweglichen Bauwerke der Menschheit. Der häufig bemühte Begriff der „Globalisierung" ist ohne eine leistungsfähige Seeschifffahrt undenkbar. Seit Jahrhunderten wird hier von den Seeleuten und anderen in der Schifffahrt beschäftigen Personen die „Seemannssprache" benutzt. Sie ist die wohl älteste Fachsprache überhaupt und umfasst Begriffe und Formulierungen, die sich in der deutschen Seemannssprache zunächst aus der Sprache der Küstenbewohner, dem Plattdeutsch, entwickelte. Sie ist durchsetzt von zahlreichen Lehnwörtern, die anderen Sprachen, z.B. dem Niederländischen, Englischen und Spanischen entstammen. Ursache hierfür waren die meist gemischten Schiffs-besatzungen mit unterschiedlicher sprachlicher Herkunft. In der Seemannssprache spiegelt sich eine Präzisierung und Differenzierung technischer Begriffe aus der Seefahrt wider. Für den Seemann ist es notwendig, mitunter sogar überlebenswichtig, nicht einfach von einem „Seil" zu sprechen, sondern es nach Funktion und Art genauer zu bezeichnen, also von „Want", „Fall", „Dirk" oder „Schot", oder noch genauer: von „Besanwant", „Fockschot" usw. zu sprechen.

Auch wenn seit dem Ende der kommerziellen Segel-schifffahrt viele Fachausdrücke im Bereich der Handelsschifffahrt ihre Bedeutung verloren haben, sind diese in der Sportschifffahrt noch weitgehend vollständig anzutreffen. Hier bedient man sich noch sehr alter Begriffe, die schon vor Jahrhunderten für die sichere Bootsführung und den Erfahrungsaustausch der Fachleute unentbehrlich waren. In der Sportschifffahrt, vornehmlich auf Yachten, spricht man noch eine Sprache, die man zwar nicht so schnell erlernen kann, aber mit wachsender Praxis immer mehr beherrschen will. Und diese Sprache entwickelt sich ständig weiter. So kommen neue Begriffe hinzu, je mehr auch in diesem Bereich die moderne Technik Einzug hält.

Die in diesem Buch enthaltenen Begriffe werden im Text nicht näher erklärt, um den Lesefluss nicht zu unterbrechen. Aus gleichem Grund wurde dort auch auf die Aufnahme von Fußnoten verzichtet. Insoweit wird auf die Erklärung dieser Begriffe im Anhang verwiesen.

Anreise – Zeitgedanken

Bevor der Wecker um 03:30 Uhr klingelt, bin ich wach und springe aus dem Bett. Wie lange habe ich auf diesen Tag gewartet. Es ist Mittwoch, der 16.11.2005, an dem sich mein Traum erfüllen soll. Ich bin froh, dass es jetzt endlich losgeht. Auf einer Segelyacht will ich von Las Palmas auf den Kanarischen Inseln aus über den Atlantik segeln. Dieser Hochseetörn soll meine Seglerlaufbahn krönen und zu Bedingungen stattfinden, wie ich sie im „Normalfall" bei meinen Segeltörns in der Nord- und Ostsee und im Mittelmeer nicht vorfinde. Blauwassersegeln im Passat unter tiefblauem Himmel in der Wärme der südlichen Breiten. Gleichzeitig will ich meine physische und psychische Belastbarkeit unter den Bedingungen eines dreiwöchigen Atlantiktörns auf engstem Raum in einer mir noch unbekannten Crew testen.

Seit einiger Zeit nimmt der „Deutsche Hochseesportverband Hansa" (DHH) mit ein oder zwei Hochseeyachten an der jährlich wiederkehrenden „Atlantic Rally for Cruisers" (ARC) teil. Diese Organisation wurde vor Jahren mit dem Ziel gegründet, allen an einer Atlantiküberquerung interessierten Hochseeseglern die Möglichkeit zu geben, zusammen mit der ARC-Flotte von Gran Canaria aus über den südlichen Teil des Nordatlantiks bis in die Karibik zu segeln. Gemeinsames Ziel ist die Insel St. Lucia. Sie liegt im südlichen Bereich der Kleinen Antillen. Der Vorteil eines solchen Gemeinschaftstörns ist der Sicherheitsaspekt.

Als Mitglied des DHH, dem ich seit 1977 angehöre, habe ich mich in den Wintermonaten 2004/2005 bei der Geschäftsstelle des DHH für diesen Törn angemeldet und mich auf die Warteliste setzen lassen, um mir einen der begehrten Plätze an Bord zu sichern.

Jetzt stehen die Reisetaschen gepackt im Hausflur und auf geht´s. Ich will lieber zeitig losfahren und das Risiko meiden, auf der Flughafenautobahn zwischen Bonn und Köln im Stau stecken zu bleiben. Stress soll gar nicht erst aufkommen, denn ich möchte den Beginn meines großen Abenteuers von Anfang an genießen. Dennoch bin ich angespannt und aufgeregt wie vor einer wichtigen Klausur. Habe ich auch nichts vergessen?

Auf der Autobahn zum Flughafen Köln-Bonn herrscht zu diesen frühen Morgenstunden schon erstaunlich viel Verkehr. Es ist dunkel und regnet, doch der Verkehr fließt. Ute, meine Frau, begleitet mich zum Flughafen. Um 05:10 Uhr treffen wir dort ein. Jetzt heißt es für vier Wochen Abschied nehmen. Was in diesem Moment in ihr vorgeht, kann ich nur ahnen. Sie lässt sich nichts anmerken und das ist gut so. Um 06:00 Uhr wird eingecheckt. Der planmäßige Abflug ist für 07:30 Uhr vorgesehen. Um 08:00 Uhr hebt der Flieger ab. Ein kräftiger Rückenwind aus Nord verspricht eine kurze Flugzeit. Die Maschine ist bis auf den letzten Platz besetzt. Jeder will auf den Kanaren Sonne tanken.

Für mich ist es dort nur ein Zwischenaufenthalt. Im Urlaub den ganzen Tag in der Sonne zu liegen, ist ohnehin nicht mein Ding.

Unter uns liegt eine dicht geschlossene Wolken-de-cke. Die Kaltfront eines auf dem Atlantik liegenden umfangreichen Tiefs erstreckt sich bis weit nach Süden. Erst vor der Küste Afrikas haben wir freie Sicht auf das Meer.

Pünktlich um 12:00 Uhr landet der Flieger auf dem Airport von Las Palmas. Hier ist der Himmel bedeckt, aber das Thermometer zeigt immerhin 20 Grad an. Auf Gran Canaria stelle ich meine Uhr um eine Stunde zurück. Warum eigentlich?

Jedermann weiß, dass die Zeit, wie wir sie heute verstehen, die s. g. „Bürgerliche Zeit", genauer gesagt die Uhrzeit, mit dem Stand der Sonne in Zusammenhang steht. Sie ist somit eine physikalische Größenart. Die Sonne erscheint in Las Palmas später als in Köln.

Allgemein bekannt ist auch, dass unser Erdball in Zeitzonen eingeteilt ist. Aber was sind Zeitzonen? Wie kommen sie zustande? Wer hat sie festgelegt? Kaum jemand macht sich heute noch Gedanken darüber, welche Zusammenhänge hier bestehen.

Man stelle sich einmal folgendes vor: Angenommen, die Erde dreht sich nicht um die Sonne, sondern die Sonne dreht sich, so wie wir es auch empfinden, um die Erde. Sie geht morgens im Osten auf, wandert tagsüber Richtung Süden, wo sie am Mittag ihren höchsten Stand erreicht, bis sie schließlich im Westen „untergeht". Dort verschwindet sie hinter dem Horizont und ist für uns nicht mehr sichtbar. Bei uns wird es Nacht. Nicht jedoch für die Menschen, die von unserem Standort aus gesehen „hinter dem Horizont" leben. Irgendwo auf der Welt ist immer Mittag, weil dort dann die Sonne zu einem bestimmten Zeitpunkt am höchsten steht.

Stellen wir uns weiter vor, dass die Sonne bei ihrer Wanderung nur einen einzigen Strahl auf die Erde schickt, dieser die Erdkugel soweit durchdringt, bis er den Erdmittelpunkt erreicht. Der „Ort", auf dem dieser Sonnenstrahl als gerade Linie zwischen Sonne (Gestirn) und dem Erdmittelpunkt auf die Erdoberfläche trifft, nennen wir „Bildpunkt".

Wenn wir diesem Gedanken folgen, wandert dieser Strahl in dem Zeitraum Tag + Nacht einmal um die Erde und wir wissen, dass dieser Zeitraum 24 Stunden beträgt. Aber warum gerade 24?

Das Phänomen Zeit und ihre Messung haben in der Geschichte der Menschheit immer eine große Rolle gespielt. Zeit ist ein relativer Begriff. Zwischen der subjektiv wahrgenommen Zeit und der objektiv messbaren bestehen oft deutliche Differenzen. Die Wahrnehmung der Zeitdauer hängt davon ab, was in der Zeit passiert. Ein ereignisreicher Zeitraum erscheint kurz, „vergeht wie im Fluge". Hingegen dauern ereignisarme Zeiträume manchmal quälend lange. Uns interessiert jedoch nicht die gefühlte, sondern die physikalische, messbare Zeit.

Der natürlichste und wichtigste Zeitgeber ist die Sonne mit ihrem Wechsel zwischen Tag und Nacht. Die Zeitmessung ist eine der ältesten Aufgaben der Astronomie. Sie unterscheidet zwischen einem „Sonnentag" (bürgerliche Zeit) und einem „Sterntag". Diese differieren um einen Tag im Jahr. Uns interessiert hier nur der „Sonnentag".

Ein „bürgerliche Tag" (der s. g. Sonnentag) folgt aus der Erdrotation relativ zur Sonne, woraus sich 365,24 Tage des Jahres ergeben. In Wirklichkeit rotiert die Erde aber 366,24-mal im Jahr. Bereits seit den Babyloniern wird der Tag in 24 Stunden unterteilt und hat sich – wie die 7-Tage-Woche -auf allen Kontinenten durchgesetzt, wogegen sich die Regelungen für Jahre und Monate in den verschiedenen Kulturen voneinander unterscheiden.

Der Tag ist nach dem heute üblichen System in 24 Stunden, die Stunde in 60 Minuten und die Minute in 60 Sekunden unterteilt. Der Sonnentag hat jedoch keine ganze Anzahl von Sekunden nach diesem System. Der Unterschied wird durch Schaltsekunden ausgeglichen. Weil die Laufbahn der Erde um die Sonne keine Kreis-, sondern eine Ellipsenbahn darstellt, und die Erdachse zu dieser geneigt ist, ist der zeitliche Abstand zwischen den nachfolgenden Sonnenhöchstständen (Mittag) von Tag zu Tag jedoch nicht konstant. Hieraus resultiert, dass die lokale wahre Sonnenzeit zu Tagen mit unterschiedlicher Länge führt.

Um gleich lange Tage zu erreichen, wurde eine so genannte mittlere Sonnenzeit gleich langer Tage definiert, die heute fast überall gebräuchlich ist. Die Differenz zwischen der mittleren Ortszeit und wahren Ortszeit nennt man Zeitgleichung. Erst sie ermöglicht eine einheitliche Anwendung der physikalischen Maßeinheit Zeit, so wie wir sie heute kennen und sie im Tagesbetrieb üblich ist.

In der Physik ist die Zeit operational, d. h. über ein Messverfahren definiert. Zur Zeitmessung werden Systeme verwendet, die periodisch in denselben Zustand zurückkehren Die Zeit wird dann durch das Zählen von Perioden bestimmt. Ein Gerät, das so etwas leistet, ist die Uhr.

Genau gehende Uhren waren in der Seefahrt lange Zeit ein großes Problem. Um das für die Navigation wichtige Längenproblem zu lösen, sind sehr genau gehende Uhren notwendig. Diese müssen auch bei starkem Seegang und ohne durch Wettereinflüsse, Hitze und Luftfeuchtigkeit beeinträchtigt zu werden, verlässlich funktionieren. Erst als es dem englischen Uhrmacher John Harrison um 1720 gelang, die auf eine Sekunde genau gehende und transportable Schiffsuhr „H4" zu entwickeln, konnten englische Navigatoren erstmals die „Höhe" der Gestirne genau stoppen und die geografische Länge der Schiffsposition bestimmen.

Wie wichtig die genaue Zeit für die Navigation an Bord war und ist, insbesondere zur Bestimmung des Längengrads, mag folgendes Beispiel verdeutlichen:

Der Umfang der Erde beträgt ca. 40.000 Km. Das sind in Seemeilen umgerechnet ca. 21.600 Sm. Der Bildpunkt der Sonne wandert in 24 Stunden einmal um die Erde (360°).

Hieraus folgt:

1 Tag	= 24 Std.	= 360°			= 21.600 Sm
60 Min. =	1 Std.	= 15°		=	900 Sm
4 Min. =	1°	= 60'	=	60 Sm
60 Sek. =	1 Min	= 15'	=	15 Sm
4 Sek. =	1'	= 60"	=	1 Sm
1 Sek.	= 15"	=	0,25 Sm

' = Bogenminute   " = Bogensekunde

Eine um 1 Sekunde falsch gehende Uhr oder eine an der Uhr falsch abgelesene Zeit führen in der Navigation zu einem Fehler von 0,25 Seemeilen = 463 Meter.

Seit je her wird die Uhrzeit in Abhängigkeit vom Sonnenstand gemessen. Ihr höchster Stand (Mittag) lässt sich zweifelsfrei feststellen und dient als Referenzmaß (12 Uhr). Die Sonnenzeit wiederum ist vom Ort der Beobachtung abhängig.

Wenn die Sonne ihren höchsten Stand erreicht hat ist Mittag oder 12 Uhr Sonnenzeit, so hat es der Mensch definiert. Aber wo auf der Welt ist Mittag, wenn der Strahl der Sonne in 24 Stunden um die Erde rast, was einer Geschwindigkeit von ca. 1.667 Km/Std. entspricht?

Auch diese Antwort hat der Mensch wie folgt definiert: Mittag ist, wenn die Sonne den Meridian durchläuft. Ein Meridian wiederum ist die Hälfte eines die Erdkugel umgebenden Längenkreises und verläuft von Pol zu Pol. Da es für die Meridiane – anders als beim Äquator – keine natürliche Nullmarke gibt, musste auch diese definiert werden.

1884 einigte man sich weltweit auf Greenwich, einem südlichen Vorort von London, dessen Name jedem Seefahrer bekannt ist. Durch die dortige Sternwarte verläuft auf der Mittelachse eines bestimmten Teleskops des Observatoriums der Nullmeridian (genauer: der Zentralmeridian des Royal Greenwich Observatory).

Das war nicht immer so. Auf Greenwich einigte man sich erst 1883. Davor gab es diverse Null-Linien, früher meist im Atlantik gelegen, denn dort war damals die Welt zu Ende, und man zählte nur nach Ost. Viele der großen seefahrenden Nationen legten ihr „Null" durch die jeweilige Hauptstadt; so enthält Keplers Weltkarte als Null die Sternwarte des berühmten Astronomen Tycho de Brahe in Hveen in Dänemark. Sogar ein Papst, Alexander VI im Jahre 1493, hat einmal eine Null-Linie festgelegt. In deutschen Atlanten vor 1883 findet man (neben dem Berlin-Null) die Längenangaben nach Ferro, das ist die Kanareninsel Hierro auf ca. 12° West nach Greenwich.

Während der Äquator als größter Breitengrad (Großkreis) „naturbedingt" vorgegeben ist, und die Erde in die Nord- und Südhälfte teilt, wurde der Null-Meridian „willkürlich" festgelegt. Er erstreckt sich von Pol zu Pol und teilt unsere Erde geographisch in Ost und West.

Vom Greenwich-Null-Meridian werden 180° nach West und 180° nach Ost gezählt. Der Nullmeridian ist für die Navigation der wichtigste Längengrad. Zusammen mit der Ortszeit in Greenwich, der Greenwichzeit (Greenwich Mean Time-GMT), spielt er in der Navigation eine wichtige Rolle.

Die heute gültige Weltzeit ist die koordinierte Weltzeit UTC (Universal Time Coordinated). Aus einer Zeitangabe in UTC ergibt sich die entsprechende, in Deutschland und anderen mitteleuropäischen

Staaten geltende Mitteleuropäische Zeit (MEZ), in dem man eine Stunde, bzw. zwei Stunden bei der im Sommer geltenden Mitteleuropäischen Sommerzeit (MESZ) addiert. Von der koordinierten Weltzeit (UTC) werden ausgehend vom Nullmeridian, die Zeiten in den verschiedenen Zeitzonen der Erde abgeleitet. 11:00 GMT = 11:00 Uhr UTC = 12:00 MEZ = 13:00 MESZ.

Orte auf demselben Längengrad haben die gleiche, Orte auf unterschiedlichen Längengraden verschiedene Sonnenzeiten. 180 Längengrade nach West + 180 Längengrade nach Ost (jeweils von Greenwich aus gezählt) ergeben 360°. Wenn der Bildpunkt der Sonne in 24 Stunden einmal um die Erde (360°) wandert, legt er in einer Stunde 15° Richtung West zurück.

Wenn also die Sonne in Greenwich um 12:00 Uhr GMT/UTC ihren höchsten Stand erreicht hat, ist dies nach einer Stunde westlich von Greenwich auf dem Längengrad 15° W der Fall. Bei Positionen und Zeitwerten dazwischen lassen sich Grad und Stunde bekanntermaßen wieder umrechnen in Minuten und Sekunden. In Verbindung mit der genauen Zeit an Bord (Bordzeit), dem Koordinatensystem der Erde (Längen- und Breitengrade) und der Kenntnis der Position der Gestirne zu einem bestimmten Zeitpunkt sind Nullmeridian und UTC der Schlüssel für die Astronomische Navigation an Bord.

Die Sonnenzeit ist somit eine (wahre) Ortszeit. Sie ist ausreichend, solange keine Reisen mit Uhren zwischen Orten unterschiedlicher Ortszeit durchgeführt werden.

Mit dem Aufkommen der Eisenbahn entstand die Notwendigkeit, Zeiten zwischen Orten zu synchronisieren. Das führte zur Einführung von Zeitzonen. In ihnen gelten die gleiche staatlich geregelte Uhrzeit und das gleiche Datum.

Teilt man die Erde in genau 24 gleiche Kugelzweiecke ein, so entstehen 24 ideale Zeitzonen. Diese erstrecken sich über je 7 1/2 Längenkreise zu beiden Seiten des Bezugslängengrades. Die Zeitzonen stehen in einer Beziehung zur allgemein gültigen koordinierten Weltzeit UTC (Universal Time Coordinated), z.B. UTC+1h = Mitteleuropäische Zeit (MEZ).

In Deutschland wurde zum 1. April 1893 die mittlere Sonnenzeit des fünfzehnten Längengrades östlich von Greenwich als gesetzliche Zeit festgelegt. Der 15. Längengrad läuft durch Görlitz. (UTC+1h).

Zusammenfassung:
Die Zeit, wie wir sie heute verstehen, die s. g. „bürgerliche Zeit" ist vom Sonnenstand abhängig und durch staatliche Regelungen innerhalb bestimmter Zeitzonen einheitlich. Für die Kanarischen Inseln wurde die dortige Zeitzone mit UTC+/-0h festgelegt. In Las Palmas ist es jetzt 11:00 Uhr, auch in Greenwich. In Köln dagegen ist es bereits 12:00 Uhr, weil Köln und Las

Palmas in benachbarten Zeitzonen mit einer Zeitdifferenz von 1 Stunde liegen. Alles klar??

Später an Bord werden wir die dort nach UTC eingestellte Zeit als Bordzeit bis zur Ankunft in der Karibik beibehalten. Das ist in der Seefahrt zwar nicht unbedingt üblich, aber uns erscheint es zweckmäßig, weil sich alle für unseren Törn an Bord benötigten Daten (Navigation, Wetterberichte, Funkverkehr usw.) auf UTC beziehen.

Nach meiner Landung in Las Palmas folge ich einer Empfehlung des DHH und steige am Flughafen in einen Bus der Linie 60. Er bringt mich in einer knappen halben Stunde zum zentralen Busbahnhof von Las Palmas. Von hier aus geht es mit einem Linienbus weiter zur Marina „Club Nautico". Dort soll die „Chris", eine 50 Fuß große Beneteau und Ausbildungsyacht der DHH-eigenen „Yachtschule Elba" liegen. Sie wird in den nächsten vier Wochen „mein zuhause" sein.

Die „Chris" ist mir noch aus meiner Zeit als ehrenamtlicher Schiffsführer an dieser Schule bekannt. Mit ihr und 223 weiteren Yachten aus aller Welt soll es jetzt über den Atlantik gehen. Auf der Busfahrt zur Marina halte ich vergeblich Ausschau nach der vom DHH beschriebenen Freizeitanlage mit ihrem markanten Sprungturm am Schwimmbecken. An diesem soll ich mich orientieren und in seiner Nähe aussteigen, doch von der Anlage ist weit und breit nichts zu sehen.

Vermutlich fährt der Bus eine andere Strecke oder ich sitze in einem falschen Bus. Jedenfalls fährt der Bus an der Marina vorbei. Ich sehe sie von meinem Platz aus in Fahrtrichtung auf der rechten Seite liegen. Bei der nächsten Haltestelle muss ich also raus. Das aber ist mir erst viele hundert Meter weiter, am benachbarten „Real Club Nautico" möglich. Ich bin zu weit weg von meinem Ziel und laufe, die beiden großen, auf Rollen gelagerten Reisetaschen hinter mir herziehend, ca. 800 m zurück. Es ist eine schweißtreibende Angelegenheit, denn die Wolken haben sich in der Zwischenzeit verzogen und die Sonne heizt mir tüchtig ein.

Das überdimensionale Thermometer an der Hauptstraße zeigt jetzt 25 Grad an. Der Schweiß rinnt mir von der Stirn und ich verfluche mich wegen des viel zu vielen Reisegepäcks. Für eine derartige Dauerbelastung sind die Rollen meiner Reisetasche offensichtlich nicht ausgelegt und verweigern nach kurzer Zeit ihren Dienst. Ihre Lager sind heiß gelaufen. Die Rollen und ich wollen nicht mehr.

Zufällig komme ich an einer Bushaltestelle vorbei, an der kurze Zeit später tatsächlich ein Bus hält. Er fährt in Richtung der anzusteuernden Marina. Beim Einstieg quetsche ich mich mit meinen beiden Reisetaschen durch die vordere Eingangstür, um beim Fahrer den Fahrpreis zu entrichten. Die Enge im Bus und die Größe der Taschen lassen mich noch mehr schwitzen.

Die Fahrgäste sehen mir an, dass ich mich quäle. Einige von ihnen blicken mich mitleidig an, andere schmunzeln, als ich mich den Gang entlang wälze. Der Bus setzt sich in Bewegung, und der „Club Nautico" rückt in greifbare Nähe. Fast wähne ich mich schon am Ziel, als der Bus in eine andere Straße einbiegt. Sie verläuft zunächst noch parallel zur Uferpromenade, führt dann aber immer weiter weg von der Marina.

So ein Mist auch, fluche ich vor mir hin. Von südlicher Gelassenheit, wie ich sie hier in Las Palmas erlebe, ist bei mir nichts zu spüren. Sehnlichst erwartete ich den nächsten Haltestopp. An den interessierten Blicken der neugierigen Fahrgäste vorbei, schleppe ich mich und meine beiden Taschen Richtung Ausgang. Endlich wieder frische Luft. Nach kurzem Durchatmen und Peilung des Standortes steuere ich der Marina entgegen, jetzt meine beiden Reistaschen mit quietschenden Rollen hinter mir herziehend.

Hätte ich doch nur auf den Linienbus verzichtet und ein Taxi genommen. Jetzt werde ich für meine anerzogene und praktizierte Sparsamkeit bestraft. So ist das nun mal, wenn man einer „Beamtendynastie" entstammt. Urgroßvater, Großvater, Vater und ich selbst waren Beamte. Da bleibt was hängen und sitzt in den Knochen. Hinzu kommen bestimmte persönliche Eigenschaften, die in meiner jetzigen Situation mein Unterbewusstsein beeinflussen und mir signalisieren: „Nur nicht aufgeben, du willst doch über den

Atlantik. Dort erwarten dich noch Anforderungen ganz anderer Art.

Tatsächlich erreiche ich nach kurzer Zeit die vom DHH beschriebene Unterführung. Unter sie muss ich hindurch, vermisse dort aber den Fußweg, an den man offensichtlich nicht gedacht hatte, als die Unterführung gebaut wurde. Es herrscht reger Autoverkehr und der schmale Pfad, auf dem ich mich schon aus Sicherheitsgründen vor den her-anrasenden Fahrzeugen bewegen muss, hat keineswegs die gewohnte Mindestbreite. Es ist nur ein schmaler Streifen, der mich vom fließenden Verkehr trennt. Eine Tasche auf der Straße, die andere auf diesem Pfad hinter mir herziehend erreiche ich den Haupteingang der Marina.

Im Glauben endlich am Ziel zu sein, muss ich meinen Einsatz erst einmal belohnen. Auf einer Bank vor einer Eisdiele gönne ich mir ein erfrischendes Eis und blicke über das riesige Hafengelände. Meine zu diesem Zeitpunkt noch vorhandene Euphorie kühlt merklich ab, als ich die riesigen Ausmaße und die Entfernung bis zum Liegeplatz der „Chris" mit einem gestöhnten „oh je" abschätze. Das war wohl nicht zu überhören. Ein freundlicher Mann bietet mir an, mich und mein Gepäck zum Schiff zu fahren. Ich nehme dankend an. Das ist auch gut so, denn wie sich bei einer kurzen Info im ARC-Büro zeigt, liegt die „Chris" noch einen guten Fußmarsch weit weg von meinem derzeitigen Standort.

Im Hafen liegen hunderte von hochseetüchtigen Segel- und Motoryachten aus aller Herren Länder. Überall wird an und auf den Schiffen gearbeitet. Alle wollen über den Atlantik und erhalten den letzten Schliff, bevor für die Flotte das große Abenteuer beginnt. Die Aufbruchsstimmung ist hier deutlich spürbar.

Willkommen an Bord

Als ich die „Chris" erreiche, schaue ich irritiert Richtung Cockpit. Dort sitzt eine Frau und sonnt sich. Spontan denke ich: „Wahrscheinlich ein Skipper-Liebchen". Sie erinnern mich an die „Boxenluder" der Rennfahrer. Hier ist eine ähnliche Situation. Zumindest sieht es danach aus, denn wir wollen ja auch ein Rennen fahren, nämlich eine „Regatta" bzw. „Rally" über den Atlantik. „Die wird das Schiff doch wohl hoffentlich bald wieder verlassen", geht es mir durch den Kopf. Auf der vom DHH erstellten Crew-Liste war eine Frau jedenfalls nicht aufgeführt.

Ich steige an Bord, und wir machen uns gegenseitig bekannt. Sie heißt Annette, ist die Ehefrau von Fritz, unserem Skipper und wird uns auf unserem Törn begleiten.

Fritz begrüßt mich mit einem Schraubenzieher in der Hand. Er macht einen sehr gestressten Eindruck. Zusammen mit Lothar, der als erster aus unserer Crew an Bord gekommen war, repariert er eine der beiden elektronischen Cockpitanzeigen. Als gelernter Starkstrom- und Schiffselektriker rieche ich beim Blick über die Schultern der beiden „Yachtmonteure" die verschmorte Elektronik. Das fängt ja gut an, ein Kurzschluss in der Bordelektrik ist wohl so ziemlich das Letzte, was wir bei unserem Ritt über den Atlantik gebrauchen können.

Lothar zeigt sich als geschickter Handwerker, was sich später noch als Glücksfall erweisen soll. In diesem Moment bin ich froh, ihn an Bord zu wissen. Es gibt nichts Schlimmeres, als Typen an Bord zu haben, die alles besser wissen, von Nichts eine Ahnung haben und davon reichlich und wenn es darauf ankommt anzupacken, versagen sie kläglich und haben meist noch eine große Klappe. Zu solchen Spinnern und unangenehmen Zeitgenossen zähle ich Lothar nicht, das sehe und spüre ich.

Trotz Lothars tatkräftigem Einsatz macht Fritz keinen glücklichen Eindruck. Ich kann mich zu diesem Zeitpunkt sehr gut in seine Lage versetzen, denn als nach und nach die Crew eintrifft und sich in Vorfreude auf das was kommt mit großem Hallo begrüßt, ist die „Chris" noch nicht voll einsatzfähig. Da kommt Stress auf.

Und so kommt, was in einer solchen Situation kommen muss, der aufgestaute Frust muss raus und abgebaut werden. Bei einigen Leuten geht das wohl am besten, wenn sie Unbeteiligten einen Anschiss verpassen. Solche Situationen habe ich schon während meiner Zeit als Soldat bei der Bundeswehr erlebt. In diesem Fall bin ich der Unbeteiligte.

Was war passiert? Nach Meinung von Fritz war ich mit Straßenschuhen an Bord gekommen, was man tunlichst unterlassen soll. Doch Fritz liegt daneben. Für den Törn hatte ich mir nagelneue Sportschuhe gekauft und diese vor meinem Einstieg in das Cockpit angezogen, was Fritz bei seiner Beschäftigung natürlich nicht gesehen hat. Wie soll ich mich verhalten? Einerseits will ich kein Blitzableiter für aufgestaute Emotionen sein, andererseits die schlechte Stimmung nicht noch weiter anheizen. Um den gereizten Fritz nicht noch mehr zu stressen, schlucke ich leicht irritiert meinen schon auf der Zunge liegenden Widerspruch herunter, ärgere mich im Nachhinein aber über meine Nachgiebigkeit.

Wie dem auch sei, ich habe nicht die Absicht, die Autorität des Skippers in Frage zu stellen, worauf der DHH in seinem Anschreiben zu diesem Törn großen Wert gelegt und die Crew gebeten hat, diese zu respektieren. So versuche ich, mich in die Rolle des Skippers zu versetzen. Der Anreisetag einer neuen, unbekannten und noch nicht aufeinander eingespielten Crew ist für ihn immer mit einer gewissen Portion Stress verbunden, insbesondere dann, wenn das Schiff noch nicht seinen technischen Soll-Zustand erreicht hat. Da muss der Adrenalinspiegel doch steigen.

Der zweite Anschiss lässt auch nicht lange auf sich warten. Er gilt meinem Verhalten, wie ich mich den Niedergang hinunterbewege. Natürlich ist mir bekannt, und ich selbst bläue es meinen Segelcrews selbst immer wieder ein, dass man den Niedergang aus Gründen der Sicherheit mit dem Gesicht zum Niedergang hinabsteigt. Es gilt, ein Abrutschen, z.B. mit nassen Schuhen, oder einen Sturz zu vermeiden. Aber Ausnahmen, erst recht im Hafen, müssen doch zugelassen und gestattet sein, oder?

Der dritte Anschiss gilt dem Umfang meines Gepäcks. Wie schon erwähnt, habe ich natürlich viel zu viel dabei. Wer weiß schon vorher, was den Sailor erwartet, der im Wintermonat bei Badewettertemperaturen über den Atlantik schippert und auf dieser Reise bis zu seiner Rückkehr insgesamt vier Wochen mit Auto, Flugzeug und Bahn unterwegs ist.

Fritz ist aus verständlichen Gründen in Sorge, zu wenig Stauraum für den noch unterzubringenden Proviant und die vielen Wasserflaschen zu haben. „Der kann mich mal", denke ich, und ohne Fritz weiter zu beachten, verschwinde ich in meiner mir zugewiesenen Kabine. Diese Art von Begrüßung eines erwachsenen Menschen und Crewmitgliedes, mit dem man die nächsten drei bis vier Wochen unter besonderen Bedingungen auf engstem Raum zusammen leben muss, finde ich völlig unangemessen und fehl am Platz. Fritz jedenfalls scheint mir im Augenblick völlig überfordert zu sein. Vielleicht ist es sein Alter? Er erzählt uns, dass dieser Törn der vorletzte für ihn sei, bevor er im Frühjahr in Rente geht. Nach unserer Ankunft auf St. Lucia bleibt die „Chris" noch in der Karibik und kreuzt dort im Winterhalbjahr mit wechselnden Crews zwischen den Inseln. Dann muss Fritz wieder ran und die „Chris" auf der Nordroute des Atlantiks zurück nach Elba bringen.

Wir werden sein Verhalten auf diesem Törn beobachten müssen. Vor dem Hintergrund der vor uns liegenden physischen und psychischen Belastungen werte ich seinen Umgang mit der jetzigen, noch relativ harmlosen Stresssituationen für kein gutes Zeichen und nehme mir vor, ganz ruhig zu bleiben. Mein fester Wille ist, auf diesem Törn jeder möglichen Konfrontation, aus welchen Gründen auch immer, aus dem Wege zu gehen. Es soll ein harmonischer Törn werden und den will ich mir von niemandem kaputt machen lassen. Dafür habe ich mich schon viel zu lange auf die Überquerung des Atlantiks einer Segelyacht gefreut.

An diesem Gedanken hängend, richte ich mich in aller Ruhe in meiner Kabine ein und beziehe meine Koje. Danach bemühe ich mich um den Aufbau einer „normalen" Konversation. Und siehe da, der Ton wird freundlicher und die Stimmung an Bord zunehmend besser.

Später zeigt sich, dass in dieser rauen Skipperschale ein weiches Herz steckt. Jedenfalls habe ich von Fritz während des gesamten Törns nie wieder ein unfreundliches Wort gehört oder eine unangemessene Anweisung erhalten.

In der Anmeldebestätigung des DHH zu unserem Atlantiktörn war darauf hingewiesen worden, dass wir nach unserer Ankunft auf St. Lucia noch an Bord bleiben und bis nach Martinique mitsegeln könnten, sofern wir Zeit und Lust dazu hätten. Wie sich später herausstellte, war Fritz auf uns angewiesen. Wie sonst sollte er die „Chris" nach Martinique überführen können. Auf Martinique befindet sich der große internationale Airport. Hier wird auch die Nachfolgecrew eintreffen und an Bord gehen und von hier aus werden auch einige aus unserer Crew wieder zurück nach Europa fliegen.

Nach meiner Auffassung war dieses Angebot des DHH als Teil der Gesamtplanung lückenhaft. Man hätte den Atlantiktörn nach unserer Ankunft auf St. Lucia offiziell auf Martinique enden lassen sollen. Ich selbst hatte mir diese Option offengehalten und war auf das Angebot des DHH nicht eingegangen. Als frisch gebackener Pensionär habe ich ja Zeit. Meine persönliche Planung sieht vor, von St. Lucia aus mit einem Insel-Hopper nach St. Martin zu fliegen. Die Insel liegt ca. 135 Seemeilen (250 Km) östlich der Großen Antilleninsel Puerto Rico und ist geopolitisch zwischen Frankreich und den Niederlanden geteilt. Für den anschließenden Transatlantikflug von dort über Paris nach Frankfurt habe ich schon ein günstig erworbenes Ticket in der Tasche.

Als sich Fritz später aus gutem Grund, aber eher beiläufig über unsere Rückreisepläne erkundigt, und ich ihm meinen Plan vorstelle, gibt er mir den Tipp, mich schon hier in Las Palmas um einen Flug von St. Lucia nach St. Martin zu bemühen. Aus eigener Erfahrung weiß er, dass die Uhren in der Karibik anders ticken und nicht alles so einfach abläuft, wie wir es von zu

Hause gewohnt sind. Schließlich überredet er mich doch noch, von St. Lucia nach Martinique mit zu segeln.

Noch in Las Palmas nehme ich telefonischen Kontakt zu meinem Meckenheimer Reisebüro auf. Die freundliche Mitarbeiterin dort lotet alle Möglichkeiten aus, um mich nach meiner Ankunft auf Martinique zeitnah und günstig von dort aus über Guadeloupe nach St. Martin zu bringen, von wo aus ich meinen Rückflug über Paris nach Frankfurt antreten werde.

Für diese Flugroute hatte ich mich aufgrund einer Empfehlung des DHH entschieden, weil dies die preisgünstigste Alternative sein sollte. Wie ich später erfuhr, wäre ein Rückflug von Martinique nach Paris die schnellere und auch preis-günstigere Lösung gewesen. Bekanntermaßen ist man im Nachhinein aber immer schlauer.

Jedenfalls sind jetzt alle Flüge unter Dach und Fach und ich kann unbesorgt von Las Palmas aus zu meinem Traumtörn starten. Als Restrisiko bleibt die Ungewissheit, ob es mit der Hinterlegung meines Flugtickets auf dem International Airport von Martinique am Schalter der „caribbean-airlines" tatsächlich klappt. Aber darüber will ich mir jetzt noch keine Gedanken machen.

Als nächstes Crewmitglied trifft Ralph an Bord ein.

Der immer noch gestresste Fritz hat zwischenzeitlich nachgedacht, wie er die Situation an Bord entspannen und ruhiger arbeiten kann. Er gibt uns den Rat, uns Las Palmas anzusehen und empfiehlt uns eine Busrundfahrt. Wir folgen seiner Empfehlung und lernen so die interessanten Seiten dieser Stadt mit ihren vielen Gesichtern kennen.

Bevor wir von Bord gehen, erhalten wir von Fritz noch unsere ARC-Ausweise. Sie waren inzwischen von der ARC erstellt worden, nachdem wir zuvor im dortigen Büro unsere Passfotos übergeben hatten. Mit diesen Ausweisen können wir ungehindert die Marina passieren und bestimmte Vergünstigungen nutzen. Nach der sehr interessanten Stadtrundfahrt durch Las Palmas suchen wir dort am Abend lange nach einem Restaurant, von denen es in dieser Stadt offensichtlich nicht allzu viele gibt. Schließlich werden wir doch fündig. Man serviert uns eine sehr gute Fischsuppe mit interessantem Currygeschmack und eine gegrillte Seezunge.

Zurück an Bord begrüßen wir Frank, der dort zwischenzeitlich eingetroffen war. Er ist unser Youngster. Mit seinen 35 Jahren könnte er mein Sohn sein. Tatsächlich ist Frank auch nur wenige Tage älter als mein Sohn Ralf. Die Crew ist aber immer noch nicht vollständig. Wir, die wie schon an Bord sind, ziehen schon mal los, um bei guter Musik in den sehr schönen Anlagen der Marina noch das eine und andere Bierchen zu trinken.

Es herrscht eine fröhliche Ausgelassenheit. Die meisten Besucher einer Bar sind ARC-Teilnehmer, die mit ihren Schiffen schon einige Tage zuvor in Las Palmas eingetroffen waren. Am ausgelassensten feiern die Engländer. Sie machen richtig Party und bieten in ihren bunt zusammen-gestellten Kostümen ein farbiges Bild. Auch nutzen sie die happy hour, um kräftig einen zur Brust zu nehmen. Es ist schon ein verrücktes Völkchen, diese Engländer. Später erscheint über dem bunten Treiben ein herrlicher Vollmond, beleuchtet die Szene und stimmt uns auf das ein, was uns in den nächsten Tagen erwarten soll.

Zurück an Bord werden wir von Fritz noch in die Schiffstechnik eingewiesen. Auch gibt er uns noch einige nützliche Hinweise für das Leben an Bord. Ein langer und ereignisreicher Tag geht zu Ende. Um 00:35 Uhr ist Ruhe im Schiff.

Unser Schiffsort in Las Palmas:
Lat. 28° 07,5′ N, Lon. 015° 25,5′ W

Törnvorbereitungen

Donnerstag, 17. November.

In der Nacht zieht ein kräftiges Gewitter über uns hinweg. Grelle Blitze und explosionsartige Donnerschläge holen mich aus dem Tiefschlaf. Heftige Windböen, abgelöst von wolkenbruchartigen Regenfällen, zerren am Rigg der „Chris" und an den Nachbarschiffen. „Ein zünftiges Pfeifkonzert zur Begrüßung der anreisenden ARC-Segler", denke ich, und falle wieder in einen Tiefschlaf.

Um 08:00 Uhr ist die Nacht zu Ende. Zu dieser Zeit zur Dusche zu gehen, ist bei der Anzahl der im Hafen liegenden Schiffe zwecklos. Wir begnügen uns mit einer Katzenwäsche und holen die wohltuende Dusche später auf dem Steg unter Einsatz unseres Frischwasserschlauchs nach.

Ein angenehmer Kaffeeduft durchströmt das Schiff, und holt die Crew an die Back zum Früh-stück. Annette und Fritz haben es uns mit den an Bord noch vorhandenen Lebensmittelrestbeständen zubereitet und um frisches Brot ergänzt. Wir genießen es, nehmen uns viel Zeit und freuen uns über den sonnigen Tag unter wolkenlosem Himmel.

Danach informiert uns Fritz über seine Vorstellungen zum organisatorischen Teil des heutigen Tages. Zunächst soll eine Einkaufsliste erstellt werden. Als

Anhalt hierfür legt er uns einen Einkaufsplan vor, der auf einem 6-tägigen Segeltörn mit einer 6-köpfigen Crew basiert und in einem Revier gefahren wird, wo an jeden Tag ein Hafen angelaufen werden kann und die Möglichkeit besteht, seinen Proviant zu ergänzen. Wir sind jedoch 8 Personen, segeln über den Atlantik und rechnen mit einer 20-tägigen Überfahrt. Uns kommen berechtigte Zweifel, ob uns diese Vorgabe weiterhilft. Da eine einfache Hochrechnung mit Hilfe des Dreisatzes in diesem Fall nicht ausreicht, landet der Plan von Fritz im Papierkorb, was letztlich dazu führt, dass jeder von uns versucht, die aufzustellende Proviant-Einkaufsliste aus seiner Sicht unter Berücksichtigung seines eigenen Geschmacks zu beeinflussen.

Dieses Unternehmen gestaltet sich insofern als schwierig, weil zwei Mann aus unserer Crew noch gar nicht an Bord sind. Herrmann wird erst am Nachmittag anreisen und Lars erwarten wir erst am Samstag. Deren Wünsche an die Liste müssen wir als „offene Positionen" stehen lassen. Wir haben ja noch genug Zeit, die Vorräte zu einem späteren Zeitpunkt zu ergänzen.

Wie sich später herausstellte, habe ich meine eigenen Wünsche an die Bordverpflegung leider zu wenig eingebracht. Dies wohl auch deshalb nicht, weil ich grundsätzlich keine großen Ansprüche an die Verpflegung stelle und alles esse, was auf den Tisch bzw. die Back kommt. So habe ich es meinem

„Desinteresse" auch zuzuschreiben, dass ich mich in den nächsten drei Wochen auf See ständig mit der Nudel-Mafia und der Nutella-Generation auseinandersetzen muss.

Schließlich steht die Einkaufsliste und wird zwischen der Crew aufgeteilt. Das erleichtert den Einkauf. Fritz erklärt uns den Weg zu einem sehr gut ausgestatteten Supermarkt in der Stadt. Ihn finden wir schnell. Der clevere Inhaber gewährt uns 5% Rabatt. Dennoch kommt die stolze Summe von 745,00 € zusammen. Das Geld wird der Bordkasse entnommen, in die jeder von uns zuvor 200 € eingezahlt hat. Ein besonderer Service des Marktleiters ist die kostenlose Anlieferung des Proviants in der Marina. Auch können wir unsere acht Einkaufswagen in einem separaten Raum des Marktes zwischenlagern. So brauchen wir uns zunächst um nichts mehr zu kümmern und können uns in der Stadt noch ein wenig umschauen.

An einem Zeitungsstand lesen wir vom plötzlichen Wintereinbruch in Deutschland, der dort in diesem Ausmaß nicht erwartet war. Nachdem es zuvor heftig geregnet hatte, zog in der Nacht Frost über das Land und an den Strommasten und Überlandleitungen bildete sich Eis. Heftige Schneefälle folgten. Das Münsterland hatte es besonders hart getroffen. Dort knickten unter der Eis- und Schneelast die Strommasten um, und die Stromversorgung brach für längere Zeit zusammen.

Von diesen Wetterkapriolen sind wir weit entfernt. Wir genießen unsere Freizeit und bummeln in der Sonne langsam durch die Straßen von Las Palmas zurück Richtung Marina. Auf dem Weg dorthin kommen wir an einem LKW vorbei, aus dem jede Menge geräucherter Schinken entladen und in ein Geschäft geschleppt wird. Vom Geruch des Schinkens angelockt entscheiden wir uns für ein gutes Zweitfrühstück. Es gibt Schinkenbrötchen der allerfeinsten Art. Dazu trinken wir ein kühles Bier. Beides genießen wir vor dem Geschäft auf einer Steinmauer in der Sonne sitzend und dem Treiben auf der Straße zusehend.

Danach müssen wir uns sputen, um noch vor Anlieferung des Proviants an Bord zu sein. Circa eineinhalb Stunden nach unserem Einkauf im Supermarkt steht der Kleinbus des Marktes mit unseren Einkaufswagen auf der Pier. Jetzt geht alles sehr schnell. Wir bilden eine Kette und reichen den Proviant von Hand zu Hand an Bord, wo er zunächst im Cockpit und auf dem Oberdeck der „Chris" zwischengelagert wird.

Jetzt kommt die Hauptarbeit. Proviant und Getränke müssen noch verstaut werden. Auf den Stauplan von Fritz bin ich gespannt. Die „Chris" misst 50 Fuß und muss neben unserem umfangreichen Gepäck noch freien Platz für die große Menge an Proviant haben, der zudem auch seefest verstaut werden muss.

Routiniert ordert Fritz gezielt ganz bestimmte Lebensmittel, die er mit unserer Unterstützung platzsparend im Bauch der „Chris" verschwinden lässt. Hier zeigt sich die langjährige Erfahrung eines Profiskippers. Fritz kennt sein Schiff genau und löst diese Aufgabe sehr professionell.

Wer eine solche Proviantübernahme vor einem Segeltörn noch nie erlebt hat, würde es nicht glauben wollen, dass solch große Mengen an Lebensmitteln, Konserven und Getränken fast unsichtbar im Schiff verschwinden können.

Der hierfür benötigte Stauplan muss überdies intelligent angelegt sein. Lebensmittel mit kurzfristigen Verfallsdaten müssen so gestaut werden, dass auf sie zuerst zurückgegriffen werden kann. Langes Suchen darf es an Bord nicht geben. Das gilt für die gesamte Schiffsausrüstung. Oberstes Gebot ist, auch bei schwerer See schnell an die benötigten Dinge zu kommen. Auch kann langes Suchen unter Deck bei Seegang sehr mühsam und schweißtreibend sein. Wer in einer solchen Situation über eine längere Zeit kopfüber in der Bilge oder an anderen unzugänglichen Stellen an Bord arbeitet, muss schon sehr seefest sein, denn solche Tätigkeiten sind für eine Seekrankheit sehr förderlich.

Nach dieser schweißtreibenden Arbeit schmeckt ein kühles Bier besonders gut. Für heute haben wir genug geschafft. Fritz gibt uns für den Rest des Tages

Freizeit. Wir begeben uns an Land und trinken vor dem Clubgebäude des hiesigen Yachtclubs noch das eine und andere kühle Nass einer bekannten niederländischen Brauerei, die hier gut vertreten ist.

Von der Clubterrasse aus hat man einen herrlichen Blick über die gesamte Marina und die im Hafen liegenden Schiffe. Alle ARC-Yachten sind über die Toppen geflaggt und haben an der Backbordseite ihrer Reling die ARC-Kennzeichnung mit ihrer Startnummer angebracht. Unserer „Chris" wurde die Nummer 68 zugewiesen. Wir stellen fest, dass noch eine zweite „Chris" an der Atlantic-Rally teilnimmt. Sie segelt unter ungarischer Flagge. Einige Liegeplätze weiter liegt eine große Segelyacht mit türkischer Flagge am Heck. Sie ist mit einer 8-10-köpfigen, ausschließlich aus Frauen bestehenden Crew besetzt und wird mit uns den Atlantik überqueren.

In der Marina herrscht geschäftiges Treiben. Überall wird Wasser und Diesel gebunkert und Proviant übernommen. Auf den Schiffen wird gebohrt, gehämmert, relaxt, gelacht und gesungen.

Einige Crews klarieren ihre endlos langen Treibanker, bestehend aus einer langen Leine, an der in Abständen von jeweils 1 1/2 bis 2 Metern kleine fallschirmartige, trichterförmige, aus dünnen Se-gelmaterial bestehende bunte Gebilde mit größerer Öffnung an der Vorderseite und kleiner Öffnung an der Rückseite angebracht sind. Diese Trichter sollen bei höheren Schiffsgeschwindigkeiten den Wasser-durchfluss reduzieren, um mit bremsender Wirkung das Schiff soweit zu stabilisieren, dass ein „aus dem Ruder laufen" verhindert oder erschwert wird.

Im Hafen herrscht eine ganz besondere Stimmung, deren Reiz von der untergehenden Sonne noch ver-stärkt wird. Eine solche Hafenatmosphäre habe ich anderswo noch nie erlebt. Überhaupt gibt es viel In-teressantes zu sehen. Einige Crews untersuchen jede Obst- und Gemüsekiste. Andere Segler machen sich die Mühe, jede Banane, Zwiebel, Kartoffel, Apfelsine usw. abzuwaschen. Die Crews treffen Vorsorge, um keine Kakerlakeneier an Bord zu bringen. Einmal an Bord eingeschleppte Kakerlaken wird man so schnell nicht mehr los.

Wieder andere Gruppen sind damit beschäftigt, die Kaimauer zu bemalen. Es ist ein alter Brauch, sich vor Antritt eines Atlantiktörns dort zu „verewigen". Das Ergebnis sind bunte Bilder mit meist maritimen Mo-tiven. Auch Motive aus früheren Jahren werden auf-gefrischt. Darunter sind sehr lustige Bilder zu sehen. Alle spiegeln auf ihre Art die Freude an diesem Groß-ereignis wider.

In den ARC-Büros drängen sich die Segler um die dort bereitgestellten Informationen. Hier erfährt man alle Details über die Organisation dieser Rally, über die Info-Veranstaltungen aller Art und die Partys an Land.

Die Sicherheit wird bei der ARC großgeschrieben. So werden alle an der Rally teilnehmenden Yachten von Sicherheitsinspektoren auf ihre Schiffssicherheit hin überprüft. Diese Profis werfen ihre kritischen Blicke in jeden Winkel der Schiffe. Auf der „Chris" beanstanden sie außer einigen, wegen ihrer geringen Bedeutung nicht erwähnenswerter Mängel, die Funktion des Steckschotts am Niedergang vom Cockpit zum Salon. Es ist nicht gegen Herausfallen gesichert und könnte bei schwerer See und einem möglichen Durchkentern des Schiffes aus seinen Führungs-schienen gleiten und verloren gehen, was zur Folge hätte, dass das Schiff schnell volllaufen würde und absaufen könnte. Der Sicherheitsinspektor besteht auf Mängelbeseitigung und lässt sich einen neuen Termin für die Nachkontrolle geben. Wir überlegen an Bord, was zu tun ist und entscheiden uns, das Steckschott mit Hilfe von stabilen Ösen, die am Nie-dergang und am Steckschott angebracht und bei Be-darf schnell und sicher mit einer kurzen reißfesten Leine verbunden werden können, gegen Herausfal-len zu sichern. Mit dem Ergebnis unserer Arbeit ist der Inspektor dann auch zufrieden und erteilt uns das benötigte Sicherheitszertifikat.

Über solche Maßnahmen hinaus hat die ARC auch keine Kosten und Mühen gescheut, um den interes-sierten Crews weitere, sehr nützliche In-formationen und praktische Übungen für die Sicherheit auf See, anzubieten. Dabei geht es beispielsweise um das Ber-gen von Crewmitgliedern unter Einsatz von Hub-schraubern, der richtige Umgang mit Rettungsinseln, den Empfang von Wetterberichten, die Nutzung von Funkfrequenzen und Zeitangaben und, und, und…..Alles was der sicherheitsbewusste Segler wissen muss, wird hier in interessanter Form angeboten.

An anderer Stelle wird für die Teilnahme an Abendveranstaltungen geworben oder es werden Souvenirs verkauft. Auch wir lassen uns von den Angeboten dieser Shops anstecken. So erwirbt jeder von uns mit Stolz die T-Shirts mit den ARC-Symbolen. Wieder zuhause muss man doch strunzen können!

Auch Segler können feiern

Freitag, 18. November.

Nach langem Ausschlafen und ausgedehntem Frühstück geht es an die Arbeit. Zunächst wird Frischwasser gebunkert. Nach und nach werden alle Wassertanks gefüllt. Es ist eine zeitraubende Angelegenheit, weil die Nachfrage groß und der Wasserdruck zu gering ist. Die Crews anderer Yachten wollen ihre Schiffe auch versorgt wissen. Aber was soll's, wir haben ja noch unendlich viel Zeit. Der Start ist für Sonntag, zwischen 12:00 und 13:00 Uhr vorgesehen.

Man glaubt nicht, wie erholsam und interessant das Bunkern von Wasser sein kann. Jedenfalls haben wir ständig Zuschauer, die uns von der höher gelegenen Pier aus beobachten. Für sie sind wir wahrscheinlich verrückte Segler, die auf ihren Nussschalen unbedingt über den Atlantik wollen. Väter erklären ihren Kindern die Geheimnisse des Segelns. Junge Männer glänzen vor ihren meist dunkelhaarigen Bräuten mit ihrem Wissen über Schiffstypen, Riggs, Takelage und Flaggen. All das vor dem Hintergrund einer von Ferne herüberwehenden leichten, zu dieser Hafenatmosphäre passenden Musik. Eine faszinierende, mit Worten nicht zu beschreibende Stimmung, die dieses Ereignis unglaublich interessant und zu einem unvergesslichen Erlebnis macht.

Nach dem Bunkern folgen wir der Bitte unseres Skippers, das Schiff zu schrubben. Man soll es nicht glauben, vom scheinbar sauberen Oberdeck und von der Außenhaut des Schiffes holen wir jede Menge Schmutz herunter. Fast zwei Stunden sind wir im Einsatz, bis alles blitzsauber ist. Nach unserem tatkräftigen Einsatz kann sich unsere „Chris" jetzt sehen lassen. Das Schiff glänzt in der Sonne und ist vorbildlich aufgeklart. Die Wassertanks sind jetzt auch voll und Fritz bedankt sich für unseren Einsatz auf seine Art: zweisilbig aber herzlich und überzeugend. So ist er mir sympathisch.

Nach getaner Arbeit haben wir Freizeit „bis zum Wecken" und wollen diese besondere Hafenatmosphäre genießen. Also hinein ins Vergnügen. Zunächst wandern wir durch die Marina, immer an der Uferpromenade entlang. In einem anderen Teil des Hafens liegen die großen Katamarane. Auch sie wollen über den Atlantik. Wegen ihrer Schnelligkeit starten sie in einer eigenen Klasse. In einem direkten Vergleich mit diesen Doppelrümpfern hätten die eher trägen Cruiser ohnehin keine Chance.

Ob Katamaran oder Cruiser, alle Teilnehmer haben St. Lucia zum Ziel. Die Insel gehört zum südlichen Teil der Kleinen Antillen, die wegen der dort vorherrschenden Windrichtungen auch „Inseln über dem Winde" oder „Windward Inseln" genannt werden. Im Gegensatz zu den weiter südwestlich liegenden „Inseln unter dem Winde", bei denen ein sehr trockenes Klima vorherrscht, sorgt in diesem Teil der karibischen Inseln der Nord-Ost-Passat für ein feuchtwarmes Klima. Die Katamarane werden dort ca. 7-10 Tage früher Eintreffen, als der Rest der Flotte. Was soll´s, alle Segler haben auf ihre Art den gleichen Spaß. Uns alle vereint die See und das Erleben der Naturgewalten, denen wir alle gleichermaßen ausgesetzt sind. Jeder Skipper will die Crew und sein Schiff ohne Havarie und Schaden an Leib und Seele in das ca. 3000 Seemeilen entfernte Ziel bringen.

Schnellen Schrittes marschieren wir weiter. Wir wollen noch einige Einkäufe tätigen. Ich selbst benötige noch eine zweite Speicherkarte für meine Digitalkamera, die ich meiner Tochter Sylvia abgekauft habe. Es ist meine erste Digitalkamera und ich habe noch wenig Erfahrung mit diesen Dingern. Mit ihnen werden mehr Bilder geschossen, als mit einer herkömmlichen Kamera, bei der man sich die Aufnahme eines guten Motivs dreimal überlegt. Bisher war ich mit unserer kleinen Olympus, einem Silberhochzeitsgeschenk unserer guten Bonner Freunde, sehr zufrieden. Sie macht gute Aufnahmen. Aber es nützt nichts, auch auf diesem Gebiet schreitet die Technik unaufhaltsam voran und verdrängt Altes und Bewährtes. Wenn kaum noch Filme zu bekommen sind, und die Fotoshops sich nach und nach auf diesen Trend einstellen, muss der Kunde mitziehen. Dagegen ist im Prinzip auch nichts einzuwenden. Innovation ist die treibende Kraft unserer Wirtschaft und gibt dieser immer wieder neue Impulse.

Bei unserem Bummel durch die City lernen wir eines der besten Kaufhäuser Gran Canarias, das „El Corte Inglés", kennen. Das dortige Angebot ist überwältigend, die Auslage großzügig und an-sprechend. Langsam schlendern wir weiter und kehren noch in einem Café ein, bevor es zurück zur Marina geht, wo die Engländer immer noch oder schon wieder feiern.

Kaum dass wir an Bord zurück sind, stößt ein weiteres Crewmitglied zu uns und begrüßt uns mit den Worten: „Ich bin der Hermann". Ich weiß nicht warum, aber er ist mir gleich sympathisch. Die Crew ist jetzt fast vollzählig. Hermann packt seinen Seesack aus, bezieht seine Koje, gesellt sich zu uns und stellt sich vor. Er ist beruflich in leitender Stellung für eine bekannte amerikanische Firma mit Niederlassung in Deutschland tätig. Der Hauptsitz dieser Firma, die mit insgesamt 6.200 Mitarbeitern an 18 Standorten u.a. reflektierende Materialien, Hygieneprodukte, grafische Folien, Fahrzeug-Innenraumfilter, Schleifmittel und Medizinprodukte fertigt und vertreibt, ist in Neuss bei Düsseldorf.

Vor dem Abendessen trinken wir noch gemeinsam ein kühles Bier. Während wir in der City waren, hat Fritz Thunfischsteaks gebraten, die er uns jetzt serviert. Sie schmecken hervorragend. Alle sind begeistert und ich freue mich, dass jeder von uns gerne Fisch isst. Das nährt meine Hoffnung, in den nächsten drei Wochen dem Atlantik den einen oder anderen Fisch entlocken zu können.

Während wir noch gemütlich unter Deck sitzen, macht sich draußen wieder Partystimmung breit. Eine weitere ARC-Party ist angesagt. Die vom Clubgebäude herüberwehende Musik wird lauter. Das hält auch den letzten Engländer nicht mehr zurück. Wir kennen den im Veranstaltungskalender der ARC ausgewiesenen Partyteil nicht genau. Es muss wohl ein Kostümfest ausgeschrieben worden sein. Jedenfalls sehen wir die ausgefallensten Kostüme an unserer „Chris" vorbeilaufen. Man hat sich so ziemlich alles angezogen, was man im Schiff so finden kann. Ich meine nur: „die spinnen, die Engländer". Feiern und Saufen bis zum Abwinken, ja bis zum Umfallen.

Trotzdem lassen auch wir uns von dieser „Aufbruchsstimmung" anstecken und schon bald hält es auch uns nicht länger an Bord. Wir wollen nichts vermissen und uns ebenfalls, allerdings ohne Kostümierung, in dieses Partygeschehen einbringen.

Die Crews der Schiffe strömen zum benachbarten „Real Club Nautico". Ihn erreichen wir nach kurzem Fußmarsch von 20 Minuten. Irgendwelche Sponsoren haben dort überall reichhaltige Büfetts aufbauen lassen. Um den großen Swimmingpool herum, auf dem kleine Optis mit bunten Segeln verankert liegen, laden Stände mit den leckersten Speisen nicht nur zum Verweilen ein. Eine große „Fressorgie" beginnt. Dazu gibt es jede Menge Freibier vom Fass. Als wir dort erscheinen, wird eigens für unsere Crew ein neues Fass angeschlagen.

An anderen Ständen fließen Weiß- und Rotwein in Strömen. Nach dem Motto „so lässt es sich leben", greifen wir zu, obwohl die an Bord zuvor genossenen Thunfischsteaks noch auf ihre Verdauung warten. So ungefähr hatte ich mir meinen Ruhestand vorgestellt. Dazu spielt eine Band mit sehr ansehnlichen Sängerinnen flotte Livemusik ganz nach meinem Geschmack und heizt uns kräftig ein.

Gemeinsam ziehen wir von Büfett zu Büfett. Es ist das pralle Leben, und wir sind mitten drin. Unsere Stimmung steigt von Minute zu Minute. Wir verstehen uns prächtig und wachsen unter diesen idealen Bedingungen zu einer Crew zusammen, wie man sie sich wünscht.

Neben uns steht eine Gruppe Engländer mit Biergläsern in der Hand. Vor ihnen tanzt eine junge Frau allein und wippt im Rhythmus der tollen Musik. Man sieht ihr an, dass sie gerne tanzen würde, was aus ihrer Gruppe jedoch keiner zur Kenntnis nimmt oder nehmen will. So nehme ich mich ihrer an. Unter dem Applaus der Engländer und meiner Crew legen wir Zwei eine flotte Sohle hin, wofür sie mir sehr dankbar ist. Schade nur, dass mein Englisch für eine flüssige Konversation nicht ausreicht. Ich hätte meiner Tanzpartnerin sonst erklären können, weshalb ich sie so spontan zum Tanz aufgefordert hatte.

Es war ein schöner Abend unter freiem Himmel mit netten, lebenslustigen Leuten, der uns noch lange in Erinnerung bleiben wird. Bis zum Schluss bleibt es für uns ein Geheimnis, wer zu dieser großzügigen Party eingeladen hatte. Vermutlich haben sich Schiffsausrüster, Hafenbetreiber und andere Unternehmen, die sich von diesem jährlich wiederkehrenden Event ein gutes Geschäft versprechen, zusammengetan und diese Veranstaltung großzügig gesponsert. Letztlich ist es uns auch egal, wer die Zeche bezahlt. Wir hatten unseren Spaß. Zurück an Bord fallen wir um 01:45 Uhr in die Kojen.

Abschied von Las Palmas

Samstag, 19. November.

Um 08:00 ist die Nacht zu Ende. Ein frischer Kaffee und ein gutes Frühstück helfen uns schnell auf die Beine. Danach zieht es uns wieder in die Stadt. Heute muss der restliche Proviant eingekauft werden, und zwar die Lebensmittel mit kurzem Verfallsdatum. Alles muss ganz frisch sein, damit es unter den feuchtwarmen Bedingungen auf dem Atlantik möglichst lange genießbar bleibt.

Auf dem Rückweg vom Supermarkt steuern wir noch ein gut ausgestattetes Spezialgeschäft für Hochseefischer und Angler an. Wir hatten es dort am Vortag entdeckt und sind an einer Angelaus-rüstung interessiert. Das Angebot ist riesig. So etwas habe ich in Deutschland noch nicht gesehen. Hier gibt es alles, was den Angler glücklich macht.

Was heißt eigentlich Angler? Wer von uns versteht etwas von diesem „Sport" und seiner Ausrüstung, fragen wir uns. Mit vier Personen sind wir in diesem großen Geschäft und machen einen ziemlich hilflosen Eindruck, als uns der freundliche Verkäufer nach unseren Wünschen fragt. Außer seinem recht guten Deutsch verstehen wir fast gar nichts von dem, was er uns an Anglerfachwissen vermittelt. Ihm wird schnell klar, dass wir blutige Laien sind und er versucht, unsere Unwissenheit zu seinem Vorteil zu nutzen. Weil wir über den Atlantik wollen, bietet er uns die beste und teuerste Angelausrüstung an. Unser Misstrauen ist geweckt und wir beginnen, seine ausgeprägt guten Kenntnisse gezielt zu hinterfragen. Diese Taktik geht auf und wir erwerben schließlich eine preisgünstige Angelausrüstung, die unseren Ansprüchen entspricht. Auch sie wird aus der Bordkasse bezahlt.

Die Zeit in diesem interessanten Geschäft vergeht wie im Fluge und drängt uns zur Rückkehr an Bord. Die dort Zurückgeblieben erwarten schon die Anlieferung unseres restlichen Proviants.

Zwischenzeitlich war auch Lars eingetroffen. Die Crew ist jetzt vollzählig. Fritz teilt Wachen und Backschaft ein, danach folgen eine Sicherheitseinweisung und die Verteilung der Aufgaben in den Notrollen. Jeder weiß jetzt, was er im Falle eines Falles, der nie eintreten möge, zu tun hat.

Wach- und Backschaftsplan sind am Querschott neben der Pantry angebracht und für die Crew jederzeit einsehbar. Daneben hängt der Plan mit der Notrolle.

Lars und ich sind die Wache I. Mit ihm tcilc ich in den nächsten drei Wochen meine Kabine. Da liegt es auf der Hand, dass ich mir Lars genauer ansehe. Auf den ersten Blick scheint er vom Typ „Genießer" zu sein, der gern und gut isst und sich freiwillig ungern körperlichen Strapazen unterzieht. Ich bin gespannt, wie er sich in die doch recht sportliche Crew einfügen und sich in schwerem Wetter verhalten wird, wenn wir in unserer Wache besonders gefordert werden. Es wird sich zeigen. Ändern kann ich ohnehin nicht viel. Wie aber werden wir die langen Zeiten in den nächtlichen Wachen überbrücken, wenn zwischen uns die „Chemie" nicht stimmt?

Einige Zeit später stellt sich Lars der Crew vor. Beruflich ist er für die Konzernspitze der Bahn in leitender Stellung für das Personalmanagement im süddeutschen Raum verantwortlich. Als er uns seine Vorstellungen vom Törn erläutert, wird mir klar, dass wir miteinander auskommen und unsere möglicherweise unterschiedlichen Ansichten tolerieren können. „Wenn wir uns alle etwas zurücknehmen bin ich sicher, dass wir einen schönen Törn erleben." Mit diesen Worten beendet Lars seine Vorstellung. Recht hat er. Als ich sehe, wie schnell und unkompliziert er seine Koje bezieht und ohne zu murren seine persönlichen Dinge in den scheinbar viel zu knapp bemessenen Schapps und Ablagemöglichkeiten verstaut, sind meine anfänglichen Bedenken vollends verflogen.

Nachdem auch der letzte Rest an Proviant verstaut ist, und wir nass geschwitzt auf dem Bootssteg unter die Frischwasserschlauchdusche steigen, telefoniere ich noch einmal mit dem Reisebüro in Meckenheim. Dort bestätigt man mir, dass mein Flug von Martinique nach St. Martin nun unter Dach und Fach ist. Als

Startzeit wird mir der 13. Dezember um 12:15 Uhr Ortszeit genannt.

Den Abend verbringen wir in der Altstadt von Las Palmas. Fritz hatte uns ein sehr gutes Steakrestaurant empfohlen und dort Plätze für uns reserviert. Mit zwei Taxen fahren wir gemeinsam dorthin.

Wir sind überpünktlich und stehen zunächst mit einigen anderen Gästen, darunter auch deutschen Touristen, vor verschlossener Tür, bevor das Restaurant von einer älteren Dame geöffnet wird. Wie sich später herausstellte ist sie die Chefin und weist uns persönlich unsere Plätze zu.

Die Innenausstattung des Restaurants wirkt sehr rustikal, aber interessant. Es ist offensichtlich ein Familienbetrieb, in dem die Rollen klar verteilt sind. Die Gesamtorganisation läuft nach festem Programm ab, alles unter Oberaufsicht der Chefin, die sich hierbei immer wieder mit ihrem Mann abstimmt und wie in einem bühnenreifen Schauspiel mit lauter Stimme ihre Mannschaft kommandiert.

Am Nachbartisch sitzt ein junger Deutscher. Mit ihm kommen wir schnell ins Gespräch. Er kommt aus der Nähe von Hannover und ist mit einem „Billigflieger" nach Las Palmas gekommen. Er erzählt uns, dass er solche Aktionen oft macht. Als ungebundener Alleinstehender nutzt er lange Wochenenden, um auf seine

Weise die Welt kennenzulernen. Auf dieses Restaurant ist er nach seinen Recherchen im Internet gestoßen und war schon mehrmals hier. Das können wir nachvollziehen, denn sowohl das Restaurant als auch unser Essen sind hervorragend und ihr Geld wert. Gut gelaunt und hochzufrieden verlassen wir es zu später Stunde und kehren an Bord zurück.

Das Abenteuer beginnt

Sonntag, 20. November (1. Seetag).

Heute ist der Tag der Tage. Endlich geht es los. Der Start ist für 13:00 Uhr vorgesehen. Fritz hat unseren Wachplan bereits in Kraft gesetzt. Meine Wache beginnt um 09:00 Uhr.

Vor dem Auslaufen füllen wir die Wassertanks nochmals bis zum Rand auf. Wann werden wir hierfür wieder Gelegenheit haben? Wird das Wasser bis zu unserer Ankunft in der Karibik reichen? Wie geht die Crew mit diesem kostbaren Nass um? Diese Gedanken gehen mir jetzt durch den Kopf, während das spärlich fließende Nass in unseren Tanks verschwindet.

Um 11:40 Uhr heißt es dann „Leinen los". Das Abenteuer, auf das ich mich so lange gefreut habe, kann beginnen. Unter Motor laufen wir aus und reihen uns ein in die Schlange der auf die Hafenmole zusteuernden ARC-Yachten. Das Auslaufen der Flotte bietet ein grandioses Bild. Über 200 Schiffe aller Größen und Preisklassen, von denen die größeren Schiffe in ihrer eigenen Klasse schon vor uns gestartet waren, haben jetzt das gleiche Ziel, die Karibikinsel St. Lucia.

Auf den Kaimauern und Molen stehen hunderte, ja tausende Menschen, die sich dieses Spektakel nicht entgehen lassen wollen. Kurz vor der Hafenausfahrt werden wir mit fetziger Life-Musik verabschiedet. Aus großen Boxen schallen Grüße über das Wasser. Jede einzelne Yacht wird mit Schiffsnamen und Heimatflagge angesprochen und herzlich verabschiedet. Für mich ist dieses Erlebnis eine sehr emotionale Angelegenheit. Viele Jahre hatte ich auf diesen Augenblick gewartet. Nun ist es soweit.

Punkt 13:00 Uhr fällt der Startschuss. Der Wind weht mit 2-3 Windstärken aus Südwest. Mit Kurs 150° passieren wir die Startlinie, eine gedachte gerade Linie zwischen einer vor Anker liegenden spanischen Fregatte und einer unter Land liegenden Tonne. Als wir Fahrt Richtung Karibik aufnehmen, empfängt uns der Atlantik mit tiefblauer Farbe und kleinen Wellen. Für lange Zeit werden wir kein Land mehr zu sehen bekommen.

Gegen 16:00 Uhr legt der Wind zu und wir nehmen viel Wasser über. 50 Meter von uns, Backbord querab, begleitet uns eine Delphinschule und verabschiedet uns aus dem „alten Europa", wie uns die US-Amerikaner unlängst bezeichnet haben. Wir zählen 8 Delphine, die unmittelbar vor unseren Bug unseren Kurs kreuzen, sich dann wieder zurückfallen lassen, um dieses Spiel zu wiederholen. Ein herrliches Bild, das wir von der Nord- und Ostsee nicht kennen. Entsprechend euphorisch reagieren wir und machen viele Fotos.

Der Wind legt weiter zu und erreicht bald die Stärke 6, wenig später sogar 7. Spätestens jetzt ist Reffen angesagt. Reff 1, 2, und 3 werden nacheinander eingebunden und auch die Rollgenua wird verkleinert. Die Manöver klappen fast schulmäßig. Es dauert nicht lange, und die Crew ist mit dem Schiff bestens vertraut. Schnell kommt Routine auf, und die anfänglichen Unsicherheiten, die sich gewöhnlich nach einer längeren Segelpause am ersten Seetag einstellen, bleiben heute aus. Fast alle von uns haben große Segelerfahrung. Fritz kann mit seiner Crew zufrieden sein und ist es wohl auch.

Die Wellen werden größer und höher. Eigentlich ist dies der Zeitpunkt, bei dem sich nach meinen Erfahrungen bei dem einen oder anderen die See-krankheit einstellt. Nichts davon in unserer Crew. Jeder hat wohl sein Geheimrezept, um mit dem anfänglichen Unwohlsein routiniert umzugehen.

Bei Annette sehe ich Pflästerchen hinter dem Ohr und Lars greift zu einem Mittel, das ihm sein Apotheker empfohlen hat. Er erzählt uns, dass er dieses Mittel schon auf vielen Törns erfolgreich eingesetzt hat und schwört auf dessen Wirkung.

Was Seekrankheit bedeutet, habe ich als Kind erfahren. Mein Vater fuhr seinerzeit beruflich auf einem Zollkreuzer. Von Travemünde, meiner Geburts- und Heimatstadt aus, musste dieser einmal im Jahr nach Kiel in die Werft. Auf einer dieser Reisen durfte ich meinen Vater begleiten, und ich erinnere mich noch genau daran, dass ich unbedingt die Insel Fehmarn sehen wollte. Die Fahrt dorthin dauert einige Stunden. Als wir um 20:00 Uhr in Travemünde ausliefen, herrschte sternenklare Nacht und der Mond schien hell. Ich war gespannt auf das, was da kommen sollte, und in froher Erwartungshaltung. Doch einige Zeit später schickte man mich in die Koje. „Kiel Radio" hatte einen aufziehenden Sturm angekündigt. Da schien es der Besatzung wohl zweckmäßig, mich rechtzeitig in die Koje zu schicken, bevor das Theater losging.

Meine Koje lag im Vorschiff. In der Nacht wachte ich auf, weil der Bug des Zollkreuzers sich hob und senkte und dabei gelegentlich sehr laut in die See knallte. Der Sturm war aufgezogen und wühlte das Meer auf. Mir war hundeübel. Gerade als jemand aus der Crew nach mir schaute, um sich nach meinem Wohlbefinden zu erkundigen, kam es mir hoch. Zum Glück befand sich unmittelbar neben meiner Koje ein Waschbecken, in das ich mich übergeben konnte. Es ging mir sehr schlecht und man beschloss, nachdem mein Magen geleert war, mich in eine andere, mittschiffs liegende Koje „umzubetten". Dort waren die Schiffsbewegungen um den Drehpunkt des Schiffes kleiner. Es ging mir besser und ich schlief schnell ein.

Seit diesem Ereignis, das mir heute noch in sehr guter Erinnerung geblieben ist, bin ich in meinem Leben nie wieder seekrank geworden. Jetzt vertraue ich darauf, dass mir auch die lange, ungewohnte Atlantikwelle nichts anhaben wird.

Um 18:00 Uhr ziehen Lars und ich auf Wache. Man soll es nicht glauben, nach all den sonnigen Tagen regnet es jetzt. Unsere Wache dauert drei Stunden. Um 21:00 Uhr falle ich müde in die Koje.

Nur kein Schlafdefizit aufkommen lassen. Hierüber habe ich viel gelesen. Es ist in der Seefahrt ein großes Problem, wenn der Crew voller Einsatz abverlangt wird, sie aber nur eingeschränkt einsatzfähig ist. In meiner Koje versuche ich eine Schlafposition zu finden, die mich bei diesem Seegang halbwegs ruhig schlafen lässt.

Montag, 21. November (2. Seetag).

Um 03:00 Uhr ist für uns die Nacht zu Ende. Obwohl ich noch sehr müde bin, bewege ich mich schnell aus der Koje. Nur nicht schwächeln. Je schneller, desto besser. Bei all Hands-Manövern spielt der Zeitfaktor eine wichtige Rolle. Es geht hinein ins Ölzeug. Dann werden Schwimmweste und Lifebelt angelegt. Beim Segeln in der Nacht ist dies unerlässlich.

Ich begebe mich zur Pantry. Dort wartet eine heiße Tasse Kaffee darauf, meine müden Lebensgeister zu wecken. Schnell esse ich noch einen Apfel, dann bin ich vollends wach und fühle mich fit. Äpfel haben wir genug an Bord. Fritz vertritt die Auffassung "one apple a day keeps the doctor away", und wir stimmen ihm zu.

Lars und ich lösen Annette, Herrmann und Frank ab. Sie sind die Wache III. Nach kurzer Einweisung über Kurs, Wetter und wissensnotwendige Ereignisse übergibt mir Herrmann das Ruder.

Der Wind hatte zwischenzeitlich nachgelassen, doch der Atlantik ist noch aufgewühlt und der Steuerkurs nur schwer zu halten. Die Wellen kommen scheinbar aus allen Richtungen und wirken von allen Seiten auf das Schiff ein. Wir haben das Gefühl, einer Kreuzsee ausgesetzt zu sein. Wahrscheinlich müssen wir uns auf einen Winddreher einstellen.

Im Wasser sind kleine Phosphorteilchen sichtbar. Sie bilden sich auf den Schaumkronen der Bugwelle, ziehen mit dieser am Schiff vorbei und bilden im Kielwasser eine Leuchtspur. Es ist ein wunderschönes Bild. Über dem nördlichen Horizont ist der Große Wagen auszumachen. Er steht auf seiner Deichsel. Seine Hinterachse um das Fünffache verlängert zeigt uns den Nordstern. Er ist klar zu erkennen. Der Mond steht fast senkrecht über uns. Am Horizont sind die vielen Lichter der anderen ARC-Yachten auszumachen.

Um 06:00 Uhr lösen uns Lothar und Ralph ab. Sie sind die Wache II. Lothar ist bei der Berufsfeuerwehr in Dortmund und begeisterter Feuerwehrmann.

Ralph kommt aus Berlin, ist von Beruf Optikermeister und selbständig. Gerade hat er dort ein zweites Geschäft eröffnet.

Die „Chris" wird mit drei Wachen gefahren. Fritz ist der Auffassung, dass sich dieses Wachsystem auf einem Atlantiktörn bewährt hat. Rund um die Uhr wechseln die Wachen nach jeweils drei Stunden. Alle Wachen sind mit zwei Mann besetzt. Annette verstärkt zusätzlich die Wache III. Innerhalb unserer Wache lösen wir uns wechselseitig alle halbe Stunde am Ruder ab. Auch dieser Rhythmus hat sich bewährt.

Nach Wachende beginnt für sechs Stunden die wachfreie Zeit. Zieht man hiervon die Zeit für Körperhygiene, Backschaft, Einnahme der Mahlzeiten usw. ab, verbleiben ca. fünf Stunden Ruhezeit, in der meist geschlafen wird. Diese Zeit reicht im Normalfall aus, um sich wieder ausgeschlafen und fit zu fühlen. Ich selbst habe mich schnell auf diesen Rhythmus eingestellt. Es ist wohl auch eine Sache des Trainings bzw. der Gewöhnung. Am Ende des Törns stelle ich sogar fest, dass ich mit nur drei bis vier Stunden Schlaf gut zurechtkomme.

Um 10:00 Uhr geht es am heutigen zweiten Seetag an das Frühstücksbüfett, das jeden Morgen von der Backschaft aufgebaut wird. Auf diesem Schiff ist das sehr praktisch gelöst. Auf die Back (das ist an Bord der Tisch) werden rutschhemmende Gummimatten gelegt. Sie verhindern weitgehend ein Hin- und Her rutschen des abgestellten Geschirrs. Das hat sich selbst bei starkem Seegang bewährt. Am Querschott zur Vorschiffskammer sind zwei mit heißem Wasser gefüllte Thermoskannen angebracht. Tee und Pulverkaffee sind schnell gemacht.

Einmal am Tag wird von der Backschaft eine warme Mahlzeit zubereitet, auch bei schlechtem Wetter. Meine anfängliche Skepsis, dass wir bei hochgehender See möglicherweise nicht kochen könnten, ist verflogen. Wenn man sich darauf einstellt und ein wenig aufpasst, klappt die Arbeit am Herd ganz gut. In der übrigen Zeit des Tages bedient und verpflegt sich jeder selbst.

Herrmann ist als „Obst- und Gemüsewart" zuständig für die Beobachtung des Frischezustands der für unser Wohlbefinden wichtigen Nahrungsmittel. Er sorgt dafür, dass sowohl das Obst als auch das Gemüse je nach Reifegrad in der zeitlich richtigen Reihenfolge aufgebraucht und zubereitet wird. Zwiebeln, so erfahren wir von Fritz, sind die besten Lieferanten von Vitaminen und Nährstoffen. Für ihn gehören sie unbedingt an Bord, auch weil sie im Notfall das Überleben erleichtern und verlängern.

Die ARC-Organisatoren erwarten, dass alle an der Rally teilnehmenden Schiffe einmal am Tag ihre um 12:00 UTC festgestellten Schiffspositionen melden. Fritz benutzt hierfür das über dem Kartentisch installierte bordeigene Satellitentelefon.

Unsere Position um 12:00 Uhr UTC:
Lat. 26° 16′ N, Lon. 015° 21′ W

Von nun an wiederholt sich diese Prozedur täglich. Sie dient der Sicherheit. Die Schiffspositionen werden von der ARC auch ins Internet gestellt. Dort können die "Daheimgebliebenen" und andere an der Rally interessierte Beobachter unseren Törn verfolgen.

(www.worldcruising.com\arc).

Kurz nachdem Fritz sein Sat-Gespräch beendet hat, empfangen wir über den UKW-Kanal 16 für ca. 55 Sekunden den Notruf einer Yacht. Deren Funker meldet Wassereinbruch auf seinem Schiff. Eine in der Nähe des Havaristen stehende Segel-yacht eilt zur Hilfe und agiert im Funkverkehr als Mayday-Relay. Der Funker dieser Yacht scheint ein Profi zu sein. Wie aus dem Lehrbuch setzt er mit ruhiger Stimme die Funksprüche ab und leitet Rettungsmaßnahmen ein. Die Seenotrettungsstation von Las Palmas ist jetzt informiert und übernimmt die Koordination der Rettungsmaßnahmen. Wenig später liegt die unterstützende Yacht längsseits des Havaristen. Über Funk berichtet die betroffene Crew über mögliche Ursachen der Havarie, den Umfang des Schadens und versucht, die an Bord erwartete weitere Entwicklung der Situation zu prognostizieren. Mit den Fachleuten an Land werden alle Möglichkeiten zur Rettung des Schiffes diskutiert. Schließlich einigt man sich auf die Heranschaffung einer leistungsstarken Pumpe. Sie soll von Las Palmas aus mit einem Hubschrauber auf das Schiff gebracht werden. Zum Glück befindet sich der Havarist noch innerhalb des für einen Hubschraubereinsatz möglichen Flugradius. So besteht die reale Chance, das Schiff vor dem Untergang zu retten.

Mit unseren Gedanken sind wir bei dem Havaristen. Wie mag den Leuten dort an Bord jetzt zumute sein? Dieses Ereignis führt uns deutlich vor Augen, dass unsere Atlantiküberquerung keine Kaffeefahrt ist. Nicht auszudenken, wenn ein solcher Fall mitten auf dem Atlantik, fernab der Hauptschifffahrtswege eintritt und kein rettendes Schiff in der Nähe ist. Die normalerweise an Bord befindliche Funkanlage ist meistens zu schwach, um nach dem Absetzen von Seenotfunksprüchen über größere Entfernungen noch gehört zu werden. Wie gut, dass es diese von der World Cruising Organisation ins Leben gerufene Rally gibt. Man fühlt sich nicht allein gelassen und genießt trotzdem uneingeschränkt das Atlantik-Feeling.

Inzwischen hat sich das Regattafeld schon sehr weit auseinandergezogen. Weit und breit sind keine Schiffe mehr zu sehen. Nur nachts sieht man am Horizont hin und wieder eine Positionslaterne, die auch schnell wieder in der Dunkelheit oder hinter dem Horizont verschwindet.

Meine nächste Wache beginnt um 15:00 Uhr. Lange noch denke ich an den Havaristen. Wie mag es dort an Bord jetzt aussehen? Wird es der Hubschrauberbesatzung bei diesem Seegang gelingen, die Pumpe ohne Schaden für Mensch und Material an Bord abzusetzen? Wenn die Dunkelheit eingesetzt hat, wird wohl auch nicht mehr viel zu machen sein. Mir ist auch nicht ganz klar, wie das Absetzen der Pumpe bei diesem starken Seegang gelingen soll. Man wird hierzu wohl ein Dingi oder Schlauchboot ausbringen müssen.

Um 18:00 Uhr serviert uns die Backschaft eine warme, gut gewürzte Nudelsuppe mit Speck. Danach begebe ich mich in meine Koje, um vor Beginn meiner nächsten Wache um 21:00 Uhr noch eine Mütze voll Schlaf zu nehmen. Nur kein Schlafdefizit aufbauen, geht es mir durch den Kopf, und ich schlafe schnell ein.

Dienstag, 22. November (3. Seetag)

Die Wachen in dem Zeitraum von 09:00–24:00 Uhr sind noch angenehm. Man ist nicht allein. Ein Teil der wachfreien Crew zieht es noch nicht in die Koje, andere sind schon ausgeschlafen und kommen an Oberdeck. Das sind Momente, wo gute Gespräche über Gott und die Welt geführt werden und die Zeit in der

Wache schnell vergehen lassen. Nach 24:00 Uhr sieht das ganz anders aus. Die Freiwächter verkriechen sich meist ganz schnell in ihre Kojen. Von 00:00–06:00 Uhr durchschlafen zu können, ist ein Geschenk.

Zu Beginn meiner Wache um 06:00 Uhr ist es noch stockdunkel. Ich bin ausgeschlafen und erwarte sehnsüchtig den neuen Tag. Der kündigt sich achteraus durch den heller werdenden Horizont an. Ich stehe am Ruder, als plötzlich fünf, sechs Delphine an uns vorbeischießen, vor unserem Bug mehrmals unsere Kurslinie kreuzen, sich wieder zurückfallen lassen, um das Spiel von neuem zu beginnen. Mit großer Schnelligkeit springen sie aus dem Wasser und hoch über unsere Bugwelle. Ihnen und uns macht dieses Spiel sichtlich Spaß. Es sind unglaublich schöne Bilder. Doch bevor wir unsere Kameras in Position bringen können, sind unsere netten Begleiter schon wieder verschwunden.

Die Sonne geht auf, umrahmt von wunderbaren, kaum zu beschreibenden Farben. Sie reichen vom grellen Gelb über Rot, tiefblauem Lila bis hin zu einem sehr dunklen Blau. Fast alle Farbtöne sind vertreten. Um die Schönheit solcher Bilder, die manchmal nur von kurzer Dauer sind, in sich aufnehmen und genießen zu können, muss man fähig und bereit sein, seine Sinne zu öffnen.

Heute deutet ein Lichtspektakel auf eine Wetteränderung hin. Tatsächlich zieht von achtern eine dunkle Wand heran und bald fällt aus den Wolken ein leichter Regen. Das Ölzeug ist schnell übergezogen. Gut, dass ich mein schweres Ölzeug, das mich sonst auf der Nord- und Ostsee vor Nässe und Kälte schützt, dabeihabe. Zuhause war ich noch unschlüssig, ob ich dieses hier auf der Barfußroute überhaupt gebrauchen würde. Fast hätte ich mich dazu entschlossen, meinen leichten Regenschutz, den ich bei meinen Radtouren nutze, einzupacken. Jetzt bin ich froh, dass ich dieses Offshore-Ölzeug dabeihabe. Vor allem nachts schützt es mich hier vor der unangenehmen Nässe, die das Schiff aufgrund der hohen Luftfeuchtigkeit überzieht. Die Wassertemperatur beträgt 24 Grad. Der Wetterbericht verspricht uns einen Wind aus Süd-Ost mit der Stärke 3-4.

Unsere Position: 12:00 Uhr UTC:
Lat. 24° 37,8´ N, Lon. 017° 25,8´ W

Heute wollen wir unsere in Las Palmas gekaufte Angel ausprobieren. Nachdem die 50 m lange Schnur ausgebracht ist, schaut jeder gespannt achteraus. Doch es tut sich nichts.

Um 15:00 Uhr beginnt meine Wache. Hermann, unser Obst- und Gemüsebeobachter, meldet erste Ausfallerscheinungen beim Salat. Der verändert zusehends sein Aussehen. Seine Blätter welken. Bevor er ungenießbar wird, muss er verarbeitet werden. Bloß keine Lebensmittel unnütz über Bord geben. Die Backschaft stellt die Abendmahlzeit entsprechend zusammen. Leider haben wir von unserem sehr gut schmeckenden Weißbrot in Las Palmas zu wenig eingekauft. Vielleicht ist unser Appetit auch nur zu groß. Jedenfalls geht auch der Weißbrotvorrat zur Neige und wird vom Skipper rationiert.

Fritz weist uns in die Wetterlage ein. Beim Abhören des Wetterberichts hat er soeben erfahren, dass sich in der Nähe der Kapverdischen Inseln eine Zyklone entwickelt hat. Die Kapverden liegen auf unserem derzeitigen Kurs genau voraus. Dorthin sind es jedoch noch viele Meilen und so hoffen wir, von dieser Zyklone nur am Rande berührt zu werden. Wenn wir uns diesen Inseln genähert haben, wird dieses Tiefdruckgebiet nach unserer Einschätzung nach Nordwesten abgezogen sein.

Nach diesem Wetterbriefing erfolgt die tägliche Meldung unserer 12:00 Uhr Position an ARC über unser Sat-Telefon. Was wohl der Havarist macht. Hoffentlich ist alles klar gegangen, mit dem Her-anschaffen und Absetzen der Pumpe.

Um 15:00 Uhr gibt es einen von Lothar und Ralph aus den Restbeständen gut zubereiteten Salat und danach ein kaltes Bier. Lars hat eine Dose erwischt, in der das Bier zu Eis gefroren ist. Es dauert lange, bevor er es genießen kann.

Jeder von uns freut sich auf die warme Haupt-mahlzeit. Sie wird vor Beginn der 18:00 Uhr-Wache eingenommen. Hierzu findet sich zwischen 16:30 Uhr und

17:30 Uhr die vollständige Crew ein. Dem Wir-Gefühl und Teamgeist tut es gut, wenn sich die Crew einmal am Tag für eine Stunde zusammensetzt. Die Wache bleibt auf Position, wird zur Einnahme des Essens jedoch abgelöst.

Um 17:30 Uhr serviert die Backschaft warmes Essen. Es gibt Pellkartoffeln mit Zwiebeln und Speck. Es schmeckt uns. Pünktlich zum Wachwechsel um 18:00 Uhr sind alle gesättigt und die Backschaft übernimmt die Arbeit des Spülens und Aufräumens. Anschließend ist „rein Schiff" angesagt, d.h. Spüle und Herd werden geputzt und der Salon durchgefegt und durchgewischt.

Kurz vor Sonnenuntergang holen wir unsere Angel ein. Ein Satz mit x: War wohl nix. Ein wunderbarer Sonnenuntergang entschädigt uns für unsere erfolglosen Angelkünste. Dann fällt die Nacht über uns her. In diesen Breiten geschieht das sehr schnell. Der Atlantik ist jetzt pechschwarz. Kein Licht ist zu sehen und der Horizont kaum auszumachen. Um 19:00 Uhr begebe ich mich in meine Koje.

Mittwoch, 23. November (4. Seetag)

Gegen 23:45 werden Lars und ich von der Wache III geweckt. Bevor es an Oberdeck geht, bereiten wir uns mit dem heißen Wasser aus der Thermoskanne noch eine Tasse Pulverkaffee zu, essen ein paar Kekse und einen Schokoriegel. Dann geht es im Ölzeug eingepackt nach oben. Achteraus sehen wir über dem Horizont ein kleines Licht. Es wird größer und kommt scheinbar näher. Ich vermute ein schnell aufkommendes Frachtschiff. Kurze Zeit später identifizieren wir dieses immer größer werdende Licht als den aufgehenden Mond.

Der Himmel ist sternenklar, der Horizont dagegen im gesamten Bereich von 360° diesig, verursacht durch die Verdunstungswärme des 24° warmen Atlantiks. Um 01:00 Uhr beträgt die Lufttemperatur noch 22 Grad.

Die Tage und Nächte werden zunehmend wärmer. Ganz ausgeschlafen fühlen Lars und ich uns noch nicht, doch Cola und Zwieback machen uns fit.

Riesige Sternschnuppen, wie ich sie zuhause noch nie gesehen habe, erhellen den nächtlichen Himmel. Einige ziehen einen scheinbar dampfenden Schweif hinter sich her. Uns bietet sich ein imposantes Naturschauspiel oder handelt es sich bei diesem Phänomen möglicherweise um Reste von Satelliten, die beim Eintritt in die Erdatmosphäre verglühen?

Am Vortag war der Wind ausgeblieben. Auch jetzt ist nicht der leichteste Hauch einer Brise zu spüren. Haben wir den Kalmengürtel, auch Mallungen oder Doldrums genannt, erreicht? Wir werden es beobachten müssen. Den Passat erwarten wir weiter südlich. Bis dahin sind noch viele, viele Seemeilen zu fahren.

Wir laufen jetzt unter Maschine. Ist das auf unserer Rally nach den Regeln der ARC eigentlich zulässig? Fest steht, dass wir ohne Hilfe des Motors nicht rechtzeitig unser Ziel in der Karibik erreichen würden. Unsere Rückflüge sind doch schon gebucht. So ist das nun mal in unserer modernen, immer hektischer werdenden Welt. Wer hat schon die Zeit oder nimmt sie sich, hier in den windarmen Zonen des Atlantiks auf Wind zu warten. Darauf sind wir nicht eingestellt und auch unsere Verpflegung reicht nur für gut 3 Wochen. Also Motor an und durch. Die Batterien müssen ohnehin mal wieder aufgeladen werden. Unglaublich, was die Bordelektrik an Energie verbraucht, obwohl wir sparsam sind. Einen Windgenerator haben wir nicht an Bord, auch keine Solarzellen. Sie würden uns in diesen Breiten jetzt gute Dienste leisten. Ob wir wollen oder nicht, wir sind auf unsere standardmäßig eingebaute Elektrik angewiesen und hoffen, dass uns diese nicht im Stich lässt. Natürlich betreiben wir „Energiemanagement" und beobachten die Lage aufmerksam.

Vor uns ist das Sternbild des Orion sehr gut zu sehen. Es ist eines der bekanntesten Sternbilder und das auffallendste am Winterhimmel. Beteigeuze, Bellatrix, Rigel und Saiph sind deutlich zu identifizieren. Sie markieren die Ecken des Stern-bildes. Zusammen mit den markanten Gürtelsternen machen sie Orion zu einem auch für den Laien gut identifizierbaren und unverwechselbaren Begleiter. Beteigeuze ist ein Riesenstern, in dem unsere Sonne mit der ganzen Erdumlaufbahn Platz hätte. Der Stern Rigel zählt zu den hellsten Sternen am Nachthimmel und ist einer der leuchtkräftigsten Sterne unserer Milchstraße. Er besitzt eine riesige Masse und sein Durchmesser ist 60-mal größer als der unserer Sonne. Rigel bildet zusammen mit markanten Sternen anderer Sternbilder „Das Wintersechseck", bestehend aus Sirius (Sternbild „Großer Hund"), Prokyon (Sternbild „Kleiner Hund"), Pollux und Kastor (Sternbild „Zwillinge"), Kapella (Sternbild „Fuhrmann") und Aldebaran (Sternbild „Stier").

Während bei uns zuhause das Sternbild „Großer Wagen" den Abendhimmel dominiert, ist es hier im südlichen Teil des Nordatlantiks der nur flach über dem Horizont stehende „Orion". Oftmals ist er im Dunst der hohen Luftfeuchtigkeit hier in diesen Breiten nur sehr schwach zu erkennen. Heute ist das anders. Wir genießen das sehr schöne Bild.

Lars und ich lösen uns alle halbe Stunde am Ruder ab. Danach hängt jeder in der Wache seinen Gedanken nach. Gelegentlich wird mit einem Rundumblick die Lage gecheckt. Weit und breit ist kein Licht zu sehen. Um diese Zeit ist die Wache ungemütlich. Die gefühlte Zeit bis zur Wachablösung erscheint uns erheblich länger, als die gleiche Zeitspanne am Tage.

Um 03:00 Uhr ist es dann endlich soweit. Müde falle ich in die Koje. Lars und ich haben unsere Kojen in der Achterkabine auf der Steuerbordseite. Hier trennt uns nur eine dünne Holzwand vom Schiffsdiesel. Der hämmert jetzt sein monotones Geräusch durch das Schiff. Unsere Kabine ist ein einziger Resonanzkörper und wirkt wie ein großer Geigenkasten, der die unterschiedlichsten Töne des Motorenlärms, verursacht durch die wechselnden Belastungen des Schraubenantriebs beim Heben und Senken des Schiffes in der Welle, noch verstärkt.

Unter Deck ist es sehr warm. Der neben uns laufende Motor strahlt zusätzliche Wärme gegen die Trennwand und lässt unsere Kabine, die sich nachts gewöhnlich abkühlt, heute aufgeheizt. Ich liege auf meiner Koje unter einem dünnen Bettlaken und schlafe trotz des Motorenlärms und der schwülen Hitze schnell ein.

Heute haben Lars und ich zum ersten Mal Backschaft. Sie begann um 00:00 Uhr und endet um 24:00 Uhr. Backschaft verkürzt die Nachtruhe. Schon um 08:00 Uhr müssen wir aus der Koje, um rechtzeitig vor unserem Wachantritt um 09:00 Uhr alles erledigt zu haben.

Zunächst wird Frischwasser gekocht, und beide Thermoskannen mit heißem Wasser gefüllt. Dann kommt das von Fritz rationierte Brot auf die Anrichte. Wurst, Käse, Marmelade und nicht zu vergessen – Nutella – werden dazugestellt und Messer, Teller, Tassen und Servietten auf die Back gelegt. Damit ist die Arbeit auch schon getan. Ab diesem Zeitpunkt bedient sich jeder selbst. Das klappt gut. Nachdem die Crew gut versorgt ist, ziehen Lars und ich auf Wache.

Wache, Freiwache, Schlafen, Einnahme der Mahlzeiten und Backschaft lösen sich ab. Dieser normale Tagesrhythmus hat uns fest im Griff. Auch die Hygiene darf nicht zu kurz kommen. Heute ist Duschen angesagt. Zunächst verschwindet Annette unter Deck, dann kommt die Pütz (Eimer) zum Einsatz. Genauer gesagt ist es eine Schlagpütz. Diese unterscheidet sich von einer normalen Pütz dadurch, dass an ihrem Henkel noch ein kurzer stabiler Tampen (Leine) befestigt ist. Mit seiner Hilfe wird die Schlagpütz zur Befüllung mit Meerwasser über Bord gegeben. Damit sich die Schlagpütz auch mit Wasser füllt, „schlägt" man sie in Fahrtrichtung so weit voraus so ins Wasser, dass die Oberkante ihrer Öffnung nicht senkrecht, sondern um 90° gedreht, also mit der Öffnung parallel zur Wasseroberfläche in das Wasser eintaucht und sich auf diese Weise in kurzer Zeit füllt. Danach wird sie an ihrem Tampen wieder aus dem Wasser gezogen. Bei Fahrt im Schiff ist hierbei Vorsicht geboten, und eine gewisse Übung erforderlich. Die Kunst ist es, die Pütz so ins Wasser zu bringen (zu schlagen), dass diese beim Eintauchen in die See aufgrund des schnell vorbei strömenden Wassers nicht aus der Hand gerissen wird, und der Bediener der Pütz dabei nicht über Bord geht. Das Hochziehen der gefüllten Pütz ist dann am einfachsten möglich, wenn sich das fahrende Schiff soweit in Richtung der (scheinbar vorbeitreibenden) Pütz bewegt hat, dass sich diese unterhalb ihres Bedieners befindet. Es gilt also, die Fahrtgeschwindigkeit des Schiffes und den

Zeitraum vom Aufschlagen/Eintauchen bis zum Hochziehen der Pütz richtig abzuschätzen. Nach einiger Übung gelingt dieses Manöver, und das lauwarme Atlantikwasser ergießt sich mehrmals über unsere Leiber. Es ist ein herrliches Gefühl und man fühlt sich wie neu geboren.

Einige Zeit später frischt der Wind auf. Wir freuen uns, den „Unterflurspinnaker" endlich abstellen zu können. Was für eine herrliche Ruhe nach vielen Stunden unter Motor. Jetzt soll gesegelt werden. Kaum sind die Segel oben, legt der Wind weiter zu und erreicht die Stärke 5 bis 6, später sogar mehr. Wir müssen die Segelflächen verkleinern. Reff I ist schnell eingebunden. „Chris" fährt ein Patentreff, das ich in dieser Form noch nicht gesehen habe. Es ist sehr praktisch vom Cockpit aus zu bedienen. Sofern alle Leinen klar laufen und nirgends hängen bleiben, muss niemand aus der Crew zum Reffen aufs Oberdeck. Nur die Handhabung der Reffleinen ist mir wegen deren Länge beim Fieren und Dichtholen zu umständlich. Dafür bietet dieses Patent mehr Sicherheit und das ist auf einem Törn wie diesem doch die Hauptsache.

Wir laufen jetzt eine Geschwindigkeit von 8 Knoten mit Kurs 250°. Heute wollen wir es erneut mit dem Angeln versuchen, nachdem ich kurz zuvor einen Hai zu sehen geglaubt habe. Er kam uns in einem Abstand von ca. 30 Meter entgegen geschwommen und zeigte mir seine markante Rückenflosse.

Unsere Angel ist ausgebracht und wir sind skeptisch, ob ein Fisch bei dieser Geschwindigkeit überhaupt an den Haken geht. Fritz dagegen ist von unserem Erfolg überzeugt und erzählt uns von seinen Erlebnissen aus dem Vorjahr. Und richtig, bei 8 Knoten jagt eine Goldmakrele hinter uns her. Als wir die Angel einholen, hängt sie am Haken und schillert in den Farben Blau, Grün und Gold.

Nachdem wir sie im Schiff haben, stellt sich uns die Frage nach dem waidgerechten Umgang mit diesem zappelnden Lebewesen. Fritz ist unsere Rettung. Er hilft uns aus der Patsche. Jedenfalls sieht es sehr professionell aus, wie er den Fisch nach vorheriger Betäubung schlachtet und ausnimmt. Den Rest überlässt er uns. Die gefangene Goldmakrele hat eine Länge von ca. 50 cm und reicht für eine gute Abendmahlzeit.

Unsere Position um 12:00 UTC:
Lat. 22° 53,6′ N, Lon. 020° 04,8′W

Von 15:00 bis 16.30 Uhr gönne ich mir ein Mittagsschläfchen. Danach ist Backschaft angesagt. Lars und ich beginnen um 17:00 Uhr mit der Vorbereitung des Abendessens. Ich habe wenig Koch- und Küchenerfahrung. Deshalb überlasse ich Lars gerne die Auswahl und Zubereitung der Gerichte.

Lars ist seit einiger Zeit wieder Single und als Selbstversorger in der Übung. Zudem hat er während seiner Studienzeit seine Kochkünste in einer Wohngemeinschaft unter Beweis stellen können. Er macht es richtig gut und seine Ideen und Kochkünste sind beeindruckend. Ich kann nur zuschauen und unterstütze ihn bei den vorbereitenden Arbeiten. Gern sehe ich ihm hierbei über die Schulter und nehme mir fest vor, einiges von dem, was ich von Lars gelernt habe, mit nach Hause zu nehmen und dort in die Praxis umzusetzen. Ich muss und will mich der Kochkunst nähern. Mal sehen, was aus diesen Plänen wird.

Heute will Lars zu unserer gefangenen Goldmakrele, die wir später gegart auf den Tisch bringen, ein Nudelgericht servieren. Nudeln spielen auf diesem Törn ohnehin eine große Rolle. Auf Seetörns wie diesem ist ihr Einsatz ideal. Richtig gelagert und zubereitet machen Nudeln keine Probleme. Ich unterstütze Lars so gut ich kann, schneide die Zucchini und Zwiebeln und brate den Speck an. Lars kocht die Nudeln 6 bis 7 Minuten, würzt die Goldmakrele mit Salz, Thymian und anderen Zutaten und gibt sie für 35 Minuten in die Bratröhre. Dort wird sie zwischendurch gewendet. Kurze Zeit später durchzieht ein wunderbarer Geruch das Schiff und steigert die Vorfreude auf diese leckere Mahlzeit.

Ein Bierchen in Ehren, kann niemand verwehren. Nach diesem Motto und der Auffassung von Lars, dass zum Kochen unbedingt ein Bierchen gehört, lassen wir uns dieses gut schmecken.

Um 17:50 Uhr erschallt unser Ruf: „Backen und Banken", d.h. Auftischen des Essens und Platz nehmen der Crew zur Einnahme der Mahlzeit. Alle sind von der schmackhaft zubereiteten Goldmakrele sehr angetan. Der Fisch ist so frisch, dass der sonst üblicherweise auftretende Fischgeruch ausbleibt.

Nachdem die Wache zur Einnahme der Mahlzeit abgelöst wurde und mit dem Essen fertig ist, wird die Back abgeräumt, das Geschirr gespült, der Herd und die Spüle gereinigt und der Salon aufgeklart.

Um 20:00 Uhr liegen wir in der Koje. Dort wird es immer wärmer und schwüler. Das Schiff stampft, geigt und rollt. Die Wellen scheinen von allen Seiten zu kommen. Ich rolle in meiner Koje hin und her und schlafe sehr schlecht. Um 23:45 Uhr heißt es aufstehen, die Wetterlage checken und hinein ins Ölzeug. Das Oberdeck ist nass. Unsere Wachvorgänger erzählen, dass einige Regenböen durchgezogen waren, während wir schliefen. Sie brachten die Schwüle mit. Ich schwitze mächtig in meinem Ölzeug. Unser Außenbordthermometer misst jetzt eine Wassertemperatur von 25 Grad.

Unter gerefftem Groß und Genua laufen wir 4,5 Knoten. Über uns ist wieder der Orion zu sehen, und an Steuerbord achtern der Große Wagen. Der ist heute deutlich besser erkennbar, obwohl die Luftfeuchtigkeit scheinbar wesentlich höher ist, als an den Vortagen.

Eine grobe Peilung über den Kompass zeigt, dass wir mit unserer astronomischen Beobachtung richtig liegen. Immer noch laufen wir Kurs 250°. Später dreht der Wind nach rechts und wir können am Kompass 270°, also direkten Westkurs steuern. Dann schläft der Wind ein und unter Motor geht es auf gleichem Kurs weiter.

Donnerstag, 24. November (5. Seetag).

Gegen 02:00 Uhr kommen zwei Fahrzeuge in Sicht. Es sind ein Segler und ein Frachtschiff. Den Segler überholen wir mit großem Abstand an dessen Backbordseite und lassen ihn bald hinter uns. Das Frachtschiff kreuzt mit geschätzten 220° unseren Kurs und verschwindet kurze Zeit später hinter dem Horizont.

Nach unserer Wachablösung um 03:00 Uhr geht's sofort in die Koje. Dort ist das Klima nach dem Abzug der schwülwarmen Regenfront wieder erträglich.

Um 09:15 Uhr hält es mich nicht länger in meiner Koje. Nach einer „Katzenwäsche" freue ich mich auf das Frühstück, insbesondere auf den frischen Kaffee. Der macht mich wieder munter. Danach schreibe ich mein Tagebuch. Der Himmel ist heute bedeckt und der Wind weht gleichmäßig mit 3 bis 4 Stärken aus Südwest. Wir laufen mit 8 Knoten und Kurs 250° der Passatzone entgegen. Den Passat erwarten wir auf ca. 20° Nord. Nur selten geht er über diese Breite nach Norden.

Täglich checken wir die Bordtechnik. Unser größtes Augenmerk gilt dabei dem Diesel und dem gesamten Motorraum. Ölstand, Keilriemen, Wasserfilter, ja das gesamte Kühlwassersystem werden sorgfältig geprüft. Um 11:15 Uhr höre ich die Meldung, dass der Kühlwasserschlauch zum Wärmetauscher porös ist. Er hat sich an einer Stelle mehr als die Hälfte seines Durchmessers aufgebläht und sieht schlimm aus. Was ist zu tun? Haben wir einen Ersatzschlauch dabei, das ist die Frage? Fritz kramt in seinen diversen Ersatzteilkisten in denen so ziemlich alles zu finden ist, was das Seglerherz höher schlagen lässt. Seine Ausrüstung würde einem Ship Shop alle Ehre machen.

Ein Schlauch mit ungefähr gleicher Stärke wie das zu ersetzende Teil ist schnell gefunden, doch er scheidet als Ersatzteil aus. Das marode Teil hat eine Länge von ca. 15 cm und einen Bogen von 90°. Diesen Winkel am Ersatzschlauch hinzubiegen ist nicht zu schaffen. Dafür ist dieser wegen seines eingearbeiteten Drahtmantels nicht flexibel genug.

Während meiner Lehrzeit auf einer Werft habe ich oft den Handwerkern aller Gewerke bei deren Arbeit zuschauen können und auf diese Weise viel handwerkliches Können gesehen. Gute Handwerker zeichnen sich dadurch aus, dass sie kreativ sind, gute Ideen haben und außerhalb der Routine improvisieren können. Gute Ideen sind in unserer jetzigen Situation gefragt. Wenn schon ein geeigneter Ersatzschlauch nicht zur Verfügung steht, muss der marode Schlauch stabilisiert werden.

Nach einiger Zeit des Überlegens und der Suche nach Lösungen empfehle ich Fritz, den porösen Schlauch zu tapen. Ihm soll, ohne dass er ausgebaut wird, eine stabilisierende Bauchbinde angelegt werden. Diese Maßnahme erscheint mir risikoärmer, als das Lösen der Schlauchschellen und Herausnehmen des porösen Schlauches aus dem Kühlwassersystem, von dem man nicht weiß, ob er diese Prozedur überlebt. In diesem Fall wäre ein nachträgliches Tapen dann wohl ausgeschlossen.

Wir entscheiden uns für meinen Vorschlag und stabilisieren den porösen Originalschlauch mit vielen Wicklungen. Diesen Job überlässt mir Fritz und ich lasse allergrößte Sorgfalt walten, um dieses Stück zumindest bis zum Ende unseres Törns zu retten. In der Karibik angekommen würde sich dort schon eine Möglichkeit für eine fachgerechte Reparatur bieten.

Bei Seegang unter Deck zu arbeiten und die aus dem Motorraum entweichenden Gerüche einzuatmen, ist schon eine besondere Herausforderung. Nach getaner Arbeit sehne ich mich nach frischer Luft auf dem Oberdeck. Auch ist es an der Zeit, die Angel wieder auszubringen.

Unsere Position um 12:00 Uhr UTC:
Lat. 21° 42,4′ N,   Lon. 022° 23,4′ W

Am Nachmittag fängt Fritz eine Wettermeldung auf, die uns nachdenklich macht. Die ARC kündigt das Heranziehen eines Tropischen Sturms namens „Delta" an. Es ist bereits der 25. Tropensturm in der diesjährigen Rekordsaison. Zum Zeitpunkt dieser Meldung wurde er ca. 90 Seemeilen westlich von uns beobachtet. 90 Seemeilen sind nicht viel. Wir schauen auf das Barometer und sehen wie es fällt, sehr schnell sogar. Besonders beunruhigt uns der gemeldete Druck des Tiefdruckkerns von „Delta", nämlich 980 Hp. Das ist sehr wenig. Wir haben einiges zu erwarten.

ARC empfiehlt allen Schiffen das schnelle Aus-weichen nach Süden unter die Breite von 20°. Wir folgen dieser Empfehlung und laufen unter Motor Kurs 180° in Richtung Kapverdische Inseln.

Um 13:20 Uhr geht uns die zweite Goldmakrele an die Angel. Sie ist jedoch wesentlich kleiner als der Fang zuvor. Deshalb muss die Angel noch einmal raus. Lars nimmt sich ihrer an, und bald verschwindet der Fisch gut portioniert im Kühl-schrank.

Um 14:40 Uhr sichten wir einen Wal von ca. 3-4 Meter Länge, der uns in einem Abstand von ca. 50 Metern entgegen schwimmt, ohne sich von uns stören zu lassen.

Die Wassertemperatur des Atlantiks misst jetzt 25,6 Grad. Der Himmel ist bedeckt. Wir laufen unter Maschine Kurs 190° in die Nacht. Meine Wache beginnt um 21:00 Uhr. Wir sind noch hellwach. Die Nacht ist pechschwarz und noch dunkler als die Nächte zuvor. Kein Stern, kein Licht ist zu sehen. Nur das Meeresleuchten ist heute sehr intensiv. Die Vorstellung, dass unter uns 4000 Meter Wasser sind, kommt mir in dieser dunklen Nacht unheimlich vor.

Nach der Vorhersage vom Nachmittag sind wir gespannt, wie sich das Wetter weiterentwickelt. Bis zum 20. Breitengrad sind es nur noch 40 Seemeilen. Um 00:30 werden wir in der Wache abgelöst und fallen müde in die Koje.

Freitag, 25. November (6. Seetag).

Heute ist für Lars und mich die Nacht um 06:00 Uhr zu Ende. Kaum sind wir an Oberdeck, setzt zeitgleich der Wind ein. Ist es der Passat? Vieles deutet darauf hin. Um 09:30 Uhr stehen wir auf 19° 57´ N und 023° 08,0´ W. Die See läuft von achtern auf und wird höher. Das Großsegel ist noch nicht gesetzt. Nur unter der Genua fahrend machen wir 5-6 Knoten Fahrt.

Die Angel geht wieder raus und der Erfolg stellt sich kurze Zeit später ein. Wieder ist eine Goldmakrele am Haken, diesmal etwas kleiner.

Weil die Meldungen der Wetterstationen wegen des angekündigten Tropentiefs voneinander abweichen, telefoniert Fritz mit der Yachtschule Elba (YSE). Meteo France prognostiziert für „Delta" eine Zugrichtung nach Süd-Ost, die ARC bezieht sich in ihrer Meldung auf das Hurricane Center Florida. Die dortigen Meteorologen sagen für „Delta" eine nord-westliche Zugrichtung voraus. Die YSE soll weitere Informationen einholen.

Während wir auf den Rückruf warten, kontrollieren wir zum x-ten Mal die Stabilisierung des Kühlwasserschlauchs. Auf ihn sind wir wegen des aufziehenden Tropensturms besonders angewiesen.

Zu Beginn unserer Wache um 06:00 Uhr hatte Fritz den Frischwasservorrat geprüft und ist zum Ergebnis gekommen, das Frischwasser rationieren zu müssen. Nach seiner Hochrechnung befindet sich in den Tanks nur noch ein Vorrat für 7 Tage. 14 Tage liegen noch vor uns. Meine anfänglichen Befürchtungen, zu viel Wasser zu verbrauchen, haben sich damit bestätigt. Seit geraumer Zeit beobachtete ich schon den recht sorglosen Umgang mit diesem kostbaren Nass. Mit dem Wasser wird gerade so umgegangen, als wenn wir unbegrenzte Mengen davon an Bord hätten.

Vielleicht bin ich auch nur übersensibilisiert. Der Grund hierfür sind meine häuslichen Erfahrungen in den letzten Sommermonaten. Wir waren dabei, unser Haus in Norddeutschland umzubauen. Während dieser Zeit lebten Ute und ich vier Monate lang in unserer Hütte am See. Dort hatten wir zwar einen Trinkwasser- aber keinen Abwasseranschluss. Das Abwasser musste aufgefangen und mehrmals täglich über die Toilette unseres Hauses entsorgt werden. Nach diesen vier Monaten habe ich ein untrügliches Gefühl für den täglichen Wasserbedarf entwickelt. Es ist unglaublich, wieviel Wasser der Mensch in unserer zivilisierten Welt am Tag verbraucht. Die Schere zwischen dem geschätzten und tatsächlichen Wasserverbrauch geht deutlich auseinander. Da wird man schon nachdenklich.

Hier an Bord hat sich unsere Crew jetzt auf diese neue Situation einzustellen. Fritz ist sehr konsequent und schaltet die Frischwasserpumpe ab. Sie darf nur zum Zähneputzen und in geringem Umfang auch zum Kochen in Betrieb genommen werden.

Verdursten müssen wir dennoch nicht. Wir decken unseren persönlichen Wasserbedarf aus den Mineralwasserbeständen, die wir in Las Palmas an Bord genommen und im Vorschiff gebunkert haben. Fritz hatte uns angewiesen, täglich mindestens eineinhalb Liter und möglichst in kleinen Mengen zu trinken. Alle sind sehr diszipliniert und halten sich an diese Vorgabe. Jeder von uns hat eine eigene, mit seinem Namen gekennzeichnete Ein-Liter-Flasche an seinem bestimmten Platz in der Pantry abgelegt. Nachgefüllt werden diese Flaschen aus den im Vorschiff gelagerten 5-Liter-Behältern. Hierzu benutzen wir einen geeigneten Trichter, damit vom kostbaren Gut nichts verloren geht.

Las Palmas liegt jetzt 741 Seemeilen achteraus und wir haben immer noch nicht die Passatzone erreicht. Wind und Welle kommen so ungünstig von achtern, dass es besser ist, vor dem Wind zu kreuzen. Schließlich lässt der Wind ganz nach.

Die Yachtschule Elba meldet sich, und wir erfahren, dass der Tropische Sturm „Delta" zunächst Richtung Süd-Ost ziehen soll, um später nach Norden abzudrehen. Diese Aussage deckt sich mit der Meldung von Meteo France. Oder hat Elba die gleiche Info-Quelle angezapft? Darüber wollen wir uns jetzt keine Gedanken machen. Wir müssen uns auf das Schlimmste gefasst machen, denn „Delta" zieht direkt auf uns zu.

Unwillkürlich denke ich an den Untergang der Viermastbark „Pamir", vermutlich weil ich den Kapitän Johannes Diebitsch kannte. Er wohnte in meiner Heimatstadt Travemünde und war bei unseren Hausnachbarn oft zu Besuch. Noch heute habe ich die Rundfunkmeldung über den Untergang im Kopf. Von der 86-köpfigen Crew überlebten nur sechs Mann. Das stolze Schiff sank am 21.09.1957 ca. 600 Seemeilen west-süd-westlich der Azoren im Orkan „Carrie", der zuvor dreimal seine Richtung geändert hatte.

Am Nachmittag bekommt Lars über Satellitentelefon einen Anruf von seinem Freund aus Berlin. Der verfolgt als interessierter Segler unseren Törn im Internet. Von ihm erfahren wir, dass wir in unsere Schiffsklasse auf Platz 6 liegen und unter allen 223 gestarteten Schiffen den 36. Platz belegen. Freuen können wir uns über diese Nachricht nicht, denn wir sind in den letzten 24 Stunden viel unter Maschine gelaufen und wissen nicht, wie sich die anderen Crews in der windarmen Zone verhalten haben. Für unsere Atlantiküberquerung von Las Palmas bis St. Lucia, Rodney Bay, rechnen wir mit einer Zeit zwischen 16 und 21 Tagen. Dieser Zeitrahmen ist bei Fahrt durch die windarmen Gebiete ohne gelegentliche Mithilfe des Motors kaum einzuhalten. Also tun es alle, meint Fritz, der schon zum fünften Mal den Atlantik überquert. Nach den Regeln der ARC ist das Mitlaufenlassen des Motors zum Aufladen der Batterien auch gestattet. Wer lässt da den Vortrieb ausgekuppelt?

2.270 Seemeilen liegen noch vor uns. Da kann sich im Gesamtplacement noch sehr viel ändern. Wir müssen auch mit unseren Dieselvorräten haushalten, obwohl wir nach meinem Gefühl große Mengen dabeihaben. Diverse Reservekanister stehen außenbords am Heck. Fritz hat sie dort fest verzurrt. Mit diesem Vorrat können wir, wenn es denn sein muss, im Notfall einem „Tropical Storm", wie „Delta" ausweichen, sofern er noch weit genug von uns entfernt ist.

Lars Berliner Freund bestätigt uns auch, dass wir als eines der wenigen Schiffe den optimalen Kurs genommen haben, um „Delta" zu entkommen. Das hört sich schon mal nicht schlecht an. Mit unserer Wetternavigation liegen wir also richtig. Die meisten Schiffe der ARC-Flotte stehen weit nördlicher als wir und könnten Probleme bekommen.

Kurz vor Mittag geht uns wieder eine Goldmakrele an die Angel. Es ist die vierte an diesem Tag. Auch sie ist nicht viel größer als die zweite und dritte, ihrer gefangenen Artgenossen. Als wir sie an Bord nehmen, stoppt Fritz unser Jagdfieber. Für eine üppige Fischmahlzeit, auf die wir uns alle schon sehr freuen, reicht unser bisheriger Fang.

Unsere Position um 12:00 UTC:
Lat. 19° 46,7′ N, Lon. 023° 22,1′ W

Der Wind legt zu. Er weht jetzt aus Ost mit Stärke 7 und trägt die Wärme vom Festland zu uns rüber. Langsam baut sich eine See von achtern auf. Wir haben bestes Segelwetter, und die Stimmung an Bord ist entsprechend. Solche Verhältnisse auf der Ostsee zu erleben, wäre ein Traum. Was könnte schöner sein, als mit Rauschefahrt dem Ziel entgegen zu steuern. Auf Kreuzkursen unter Genua vor dem Wind geht es zügig nach Westen.

Am Nachmittag zieht der Himmel zu. Bevor meine Wache beginnt, steige ich noch schnell in die Koje. An Schlaf ist zwar nicht zu denken, aber einige Minuten Ruhe tun gut. Das Schiff geigt, stampft und rollt. Ich verkeile mich mit Hilfe der aufgerollten Wolldecke gegen das Leebrett. Die Luft ist feuchtwarm und stickig.

Um 15:00 Uhr ziehen Lars und ich auf Wache, nicht ohne vorher einen frisch gebrühten Pulverkaffee zu uns genommen zu haben. Die Lebensgeister müssen wachgehalten werden. Ein Schwarm von 30 bis 40 fliegenden Fischen kommt uns entgegen. Offensichtlich sind schnelle Jäger hinter ihnen her. Die See hat sich jetzt mächtig aufgebaut und erschwert das Rudergehen. Lars und ich sind froh, uns gegenseitig alle 30 Minuten ablösen zu können.

Zum Abendessen gibt es unsere frischen, sehr schmackhaften Goldmakrelen. Dazu Pellkartoffeln mit ausgelassener Butter und eine Dose Bier. Danach geht es wieder in die Koje. Trotz heftigster, dreidimensionaler Schiffsbewegungen zwingt uns die aufgestaute Müdigkeit in den Schlaf.

Um 23:45 Uhr weckt uns die Wache III. Nach einer kurzen Stärkung mit Keksen, einem Riegel „Mars" und einer lauwarmen Tasse Kaffee geht´s nach oben.

Samstag, 26. November (7. Seetag).

Der Wind hat sich auf Stärke 4 abgeschwächt. Er weht aber immer noch aus Ost und schläft später ein. Um uns herum ist rabenschwarze Nacht. Ab einer Höhe von ca. 40° über dem Horizont ist der Himmel sternenklar. Kurz vor Ende unserer Wache um 03:00

Uhr sehen wir an unserer Backbordseite auf Position 11:00 Uhr ein Frachtschiff aufkommen. Ob wir von dessen Brückenwache wohl gesehen werden, schießt es mir durch den Kopf? Sind wir auf Kollisionskurs? Nein, die Peilung wandert aus und wir haben nichts zu befürchten. So schnell wie dieser Frachter aufkam, ist er auch schon bald wieder hinter dem Horizont verschwunden.

Von anderen ARC-Teilnehmern ist weit und breit nichts mehr zu sehen. Die uns ablösende Wache II erhält von uns eine kurze Einweisung über Kurs, Wind, Segelführung und Ereignisse. Dann zieht es Lars und mich schnell in die Koje. Jede Minute Tiefschlaf ist wichtig für das Wohlbefinden, meine ich und fahre gut damit. An das Bordleben habe ich mich längst gewöhnt. Ich verspüre weder Seekrankheit noch habe ich ein Schlafdefizit. Das hatte ich mir schlimmer vorgestellt, obwohl das Schlafen bei Seegang wegen der Schiffsbewegungen sehr unangenehm sein kann.

Den Rest der Nacht schlafe ich tief und fest bis 07:30 Uhr. Dann meldet sich mein Unterbewusstsein. Um 00:00 Uhr begann unsere Backschaft. Die Crew will verpflegt sein. Das Frühstücksbüfett wird in gewohnter Manier aufgebaut. Wasser wird gekocht und Brot geschnitten. Ich verpflege mich erst, nachdem ich mich zuvor gründlich mit Salzwasser gewaschen habe. Es erfrischt und danach schmeckt das Frühstück umso besser.

Der Tag ist hell, freundlich und warm, und der Wind weht mit Stärke 4-5 aus Ost. Wir haben herrlichstes Segelwetter, wie es besser nicht sein kann. Kaiserwetter sagt man in Kiel, in Erinnerung an Kaiser Wilhelm II. Der war auch ein begeisterter Hochseesegler und oft bei schönen Wind- und Wetterverhältnissen in Kiel anzutreffen. Mit seiner legendären „Meteor" gewann er viele Regatten, so auch manche im Solent gegen die Engländer.

Schwärme von fliegenden Fischen ziehen an uns vorbei. Es ist Angelwetter, wie wir meinen. Aber Fritz ist hiervon nicht begeistert. Jeden Tag Fisch ist ihm wohl zuviel oder mag er keinen Fisch? Also legen wir einen Ruhetag ein.

Um 09:00 Uhr trete ich meine Wache an. Heute ist optimales Wetter, um den Spinnaker (Spi) zu fahren, denke ich laut. Alle sind von dieser Idee begeistert. Bei Fritz hält sich Freude in Grenzen. Nach Überwindung einiger technischer Schwierigkeiten wird der Spinnaker bei geigenden Schiffsbewegungen hochgezogen. Er steht gut. Wir machen 8 Knoten Fahrt und laufen Kurs 300°, bis sich plötzlich der Schnappschäkel am Spi-Baum öffnet, und der Spi frei fliegt. Wir schauen eine Weile zu, wie der Spi weit aus-holend von Backbord nach Steuerbord und zurück schwebt, bis Fritz entscheidet, ihn zu bergen.

Als Alternative zum Spi-Segeln bietet er seine Paten-
lösung an. Bei dieser wird die Nock des Großbaums
mit dem Schothorn der Genua verbunden. Auf diese
Art erspart er sich einerseits den Bullenstander, andererseits steht die Genua besser und die Genuaschot
kann bei Bedarf gefiert werden. Diese Art der Besegelung ermöglicht es uns, den alten Kurs von 250°
wieder zu halten.

Unsere Position um 12:00 Uhr UTC:
Lat. 18° 39,4′ N, Lon. 025° 06,1′ W

Über Kurzwelle erfahren wir von Meteo-France, dass
„Delta" nach Nord-Osten abzieht. Gleichzeitig wird
eine neue Depression, südlich von unserem Schiffsort gemeldet. Beim Abhören der mit der ARC vereinbarten Frequenzen erfahren wir auch, dass einige vor
dem Sturm unter Motor nach Süden geflüchteten
Schiffe der ARC-Flotte ihre Dieselvorräte aufgebraucht haben und zum Bunkern die Kapverden an-
laufen wollen. Für uns ist das der Beweis, dass wir
nicht allein eine Teilstrecke unter Maschine gelaufen
sind. So kommen wir mit uns und unserem Gewissen
wieder ins Reine. Oder ist es die Angst der anderen
Crews vor „Delta", die sie zu den Kapverden treibt?

Der Himmel zieht sich zu und der Wind schläft ein.
Einzelne Regentropfen kündigen einen Wetterwech-
sel an. Die Wassertemperatur beträgt jetzt 25,8 Grad.

Um 17:00 Uhr beginnen Lars und ich mit der Backschaft. Es gibt einen Gurken–Zucchini–Paprika–Mais-Salat mit eingeschnittenen Pellkartoffeln, die wir den Restbeständen des Vortags entnehmen. Diese Zusammenstellung kommt gut an. Insbesondere die hinzugegebenen Kartoffeln verleihen dem Salat eine besondere Note. Danach servieren wir einen schmackhaften, in Seewasser gekochten Nudelauflauf. Nach Beendigung unserer Backschaft geht's zum Small-Talk in die Plicht und um 18:00 Uhr auf Wache.

In diesen Breiten wird es früh dunkel und schon bald sind wir von tiefschwarzer Nacht umgeben. Bis auf wenige Ausnahmen sind heute keine Sterne am Himmel zu sehen. Unter Deck macht sich eine schwül-warme Luft breit. Wir laufen jetzt unter ausgereffter Genua. In das Großsegel haben wir Reff III eingebunden und die Baumnock wieder mit der Genuaschot verbunden. Mit dieser Besegelung können wir unbesorgt in die Nacht fahren.

Unsere Wache endet um 21:00 Uhr. Ab in die Koje. Diese Nacht ist für uns wieder kurz. Um 02:45 Uhr weckt uns die Wache II. Was jetzt abläuft ist schon Routine. Ölzeug an, ein paar Kekse gegessen, einen Becher Pulverkaffee getrunken und rauf aufs Oberdeck. Nur nicht die Kameraden warten lassen. Wir spüren, dass sie ihre Koje herbeisehnen.

Heute fällt mir das Rudergehen besonders schwer. In der pechschwarzen Nacht ist nichts zu sehen, worauf man zusteuern, und woran man den Kurs überprüfen und korrigieren könnte. Für den Rudergänger ist der Kompass die einzige Navigationshilfe. Ihn bei hochgehender See zu beobachten und den zu steuernden Kurs zu halten, ist nicht so einfach und erfordert äußerste Konzentration. Trotz seiner kardanischen Aufhängung tanzt seine Nadel mit heftigen Bewegungen in ihrer Flüssigkeit und bewegt sich um +/- 40° bis 50° um unseren Generalkurs. Bei diesem nur schwer zu steuernden Kompasskurs muss ich unwillkürlich an meine ersten Navigations-aufgaben denken, die ich im Zusammenhang mit der Ausbildung zum BR-Schein, Vorgänger des heutigen Sportküstenschifferscheins (SKS) zu lösen hatte. Wie pingelig musste man bei den Fehlerberichtigungen und Kursverwandlungen sein. „Vom falschen zum wahren Kurs mit wahrem Vorzeichen" und „vom wahren zum falschen Kurs mit falschen (entgegengesetzten) Vorzeichen" hatte man uns eingebläut. Der „wahre" (richtige) Kurs ist der rechtweisende Kurs. Er stimmt mit der Kiellinie des Schiffes und im Idealfall mit dem der Seekarte zu entnehmenden „Kartenkurs" überein. Der „falsche" Kurs dagegen muss erst „berichtigt" werden, um ein „wahrer/richtiger/rechtweisender" Kurs zu werden.

„Falsche Kurse" entstehen auch, wenn die Meeresströmung (Strom) und der Wind (Abdrift) auf den Kurs des Schiffes einwirken und das Schiff „versetzen" (verschieben). Der „falsche" Kurs ist dann mit dem richtigen (wahren/richtigen/recht-weisen)

Kurs nicht mehr identisch. Die Größen von Strom und Abdrift müssen also ermittelt werden und als „Berichtigung", auch „Beschickung" genannt, den „falschen" Kurs zum wahren/richtigen/ rechtweisenden Kurs machen.

Zusätzlich zu den durch die „Versetzung durch Strom und Wind" auftretenden Einflüssen wirken noch weitere „Fehler" auf unseren Kurs. Zur Navigation benutzen wir Seekarte und Kompass. Die Seekarte bezieht sich auf das Meridiansystem und somit auf die geographischen Pole. Kartenkurse werden als Winkel am geographischen Nordpol gemessen. Der Kompass dagegen reagiert mit seiner Nadel auf das den Erdball umspannende, nicht überall gleich ausgeprägte Magnetfeld der Erde. Seine Nadel richtet sich nach der Lage des magnetischen Nordpols, der ungefähr 1000 Kilometer vom geographischen Pol entfernt liegt und seine Lage jährlich um mehrere Kilometer ändert. Zwischen dem geographischen und dem magnetischen Nordpol resultiert somit ein Winkel, der in der Fachsprache „Deklination" oder auch „Missweisung" genannt wird.

Je nachdem wo diese auf der Erde gemessen wird, differiert die Deklination zwischen 0° und 20° (Nordamerikanische Küste) und nimmt zu den Polen hin noch zu. Dieser als Winkel gemessene Unterschied (Deklination) ist bei der Ermittlung des „wahren" Kurses ebenfalls noch zu berücksichtigen.

Ein weiterer noch zu berücksichtigender „Störfaktor" ist die „Deviation" oder „Ablenkung", eine auf den Magnetkompass wirkende und dessen Nadel ablenkende Kraft. Diese entsteht durch magnetische Störfelder, hervorgerufen durch metallische Gegenstände oder auch Stromkreise in der Nähe des Kompasses. Die Ablenkung/Deviation ist abhängig von der Konstruktion eines Schiffes, seinen Einbauteilen und allen anderen den Kompass beeinflussenden Faktoren. Sie muss im Einzelfall für jedes Schiff ermittelt werden. Das geschieht mit Hilfe der Kompensation.

Während die Missweisung (Deklination) von Ort zu Ort unterschiedlich, für alle Kurse aber gleich groß ist, ändert sich die Größe der Deviation dagegen von Schiff zu Schiff und von Kurs zu Kurs. Deshalb muss für jedes Schiff eine Deviationstabelle erstellt werden, aus der die jeweilige Ablenkung abgelesen werden kann, um sie als „Berichtigung" bei einer Kursverwandlung berücksichtigen zu können.

Von „Gesamtberichtigung" oder "Gesamtbeschickung" spricht man, wenn alle auf einen wahren/rechtweisenden Kurs oder den Kompasskurs einwirkenden Faktoren ermittelt und je nach Fragestellung a) vom Kompasskurs zum „wahren" Kurs oder b) vom „wahren" Kurs zum Kompasskurs berücksichtigt sind.

Je nachdem ob die „störenden" Einzelfaktoren eine Abweichung in östliche oder westliche Richtung erfahren, werden diese mit dem Vorzeichen (+) für östliche oder (-) für westliche Abweichung versehen und als Gesamtbeschickung bei der Kursverwandlung berücksichtigt.

Alle diese theoretischen Überlegungen spielen in unserer jetzigen Situation keine Rolle. Wir haben große Mühe, unsere „Chris" auf Kompasskurs zu halten. Theorie und Praxis liegen eben doch weit auseinander.

Die geigenden Schiffsbewegungen sind mit dem Ruder schwer auszugleichen. Rechtzeitiges Gegensteuern ist angesagt, bevor eine von achtern anlaufende Welle versucht, das Schiff aus dem Ruder laufen zu lassen. Häufig findet „Chris" ohne vorherigen Ruderausschlag nach durchgelaufener Welle auf seinen Kurs zurück. Aber das gelingt nicht immer. Wir müssen aufpassen, dass das Schiff nicht querschlägt. Das richtige Gefühl für die zu erwartenden Schiffsbewegungen und den zu steuernden Kurs zu entwickeln erfordert einiges Geschick, ist aber eine Sache der Übung und der Konzentration.

Die von achtern anrollenden Wellen werden immer höher. Selbstverständlich tragen wir zu unseren Schwimmwesten Lifebelts und sind eingepickt, so wie bei jeder Nachtfahrt. Für die Wache gilt das auch bei ruhiger See ohne Wind. Nur kein Risiko eingehen.

Es gilt, den schlimmsten Fall zu vermeiden, das Überbordgehen eines Crew-Mitglieds. Nicht auszudenken, was in einem solchen Fall passieren könnte.

Das Schiff geigt und krängt stark von Backbord nach Steuerbord und zurück. Nur mühsam kann ich meine Augen offenhalten. Das Rudergehen strengt mich heute besonders an. Der Himmel ist klar. Die Sterne tanzen weit ausholend um unseren Mast herum oder ist es umgekehrt? Sie können wir als Fixpunkt beim Rudergehen nicht einsetzen. Für unseren „Generalkurs" reicht es aus, wenn wir uns am „Orion" orientieren. Auch wenn sein Bild mal 30° an Backbord und nach der nächsten Welle 30° an Steuerbord steht, können wir ihn als grobe Navigationshilfe einsetzen. Auf dem zu steuernden Kompasskurs muss der Orion vor uns liegen.

Am Himmel beobachten wir regen Flugverkehr und sehen deutlich die weiß-blinkenden Positionslichter der Jets. Über uns befindet sich offensichtlich die Hauptflugroute zwischen Europa und Südamerika.

Die drei Stunden unserer Wache erscheinen uns wie eine Ewigkeit. Um 05:45 Uhr weckt Lars die Wache II. Feuerwehrmann Lothar springt aus der Koje. Er ist immer der Erste. Das hängt wohl mit seinem Beruf zusammen. Man merkt ihm an, dass er Übung im Aufstehen zu ungewöhnlichen Zeiten hat. Für uns ist es die ersehnte Ablösung am Ruder. Lars und ich waren noch nie so schnell in der Koje, wie nach dieser Wache.

Sonntag, 27. November (8. Seetag)

Heute ist der Erste Advent und zuhause wird die erste Kerze angezündet. Hier auf dem Atlantik kommt bei diesen Wetterbedingungen und Temperaturen keine Vorweihnachtsstimmung auf. Das herrliche Segelwetter, der Wind, die Wellen und unsere Stimmung an Bord verleiten uns immer wieder zu unserem Spruch: „So haben wir es gebucht".

Um 08:30 Uhr holt uns Fritz aus der Koje. Wir sollen die Crew beim Segelmanöver unterstützen. Der Grund hierfür ist ein schnell aufkommender Segler unter Spi. Durch das Fernglas erkennen wir die englische Flagge. Tatsächlich haben wir ideales Spi-Wetter. Ralph übernimmt das Kommando auf dem Vorschiff und bringt dort seine 20-jährige Regattaerfahrung als Vorschiffsmann ein. Laut tönen seine Kommandos über das Deck. Nachdem die Blase steht, laufen wir 6-7 Knoten und die Freiwache begibt sich unter Deck zum Frühstück, wo wir die dortige Ruhe jetzt besonders genießen.

Unsere Position um 12:00 UTC:
Lat. 17° 55,0′ N, Lon. 027° 02,5′ W

Der Engländer ist bald hinter dem Horizont verschwunden. Wir laufen nicht den gleichen Kurs. So scheidet eine Privatregatta zwischen Deutschland und England aus. Den Spi lassen wir trotzdem bis 15:00 Uhr stehen.

Als jemand aus der Crew nach einem Bier fragt merken wir, dass sich unsere Vorräte drastisch reduziert haben. Anzeichen einer leichten Panik machen sich breit. Jetzt müssen wir auch dieses kostbare Nass rationieren. Zu blöd auch, dass uns beim Provianteinkauf in Las Palmas ein Fehler unterlaufen war. Die Hälfte unserer Biervorräte besteht aus alkoholfreiem Bier, weil keiner von uns das Wörtchen „SIN" auf der Dose entdeckt bzw. richtig zu übersetzen gewusst hatte. Dummheit muss eben bestraft werden.

Der Atlantik misst jetzt eine Temperatur von 26,6 Grad. Unter Deck ist es sehr warm. Wann immer möglich, fahren wir mit offenen Oberlichtern und Fenstern. Schwärme von fliegenden Fischen kommen uns entgegen.

Der Ruf „Backen und Banken" trommelt die Crew zusammen. Es gibt ein gutes Bratkartoffelgericht, von Annette und Fritz zubereitet. Danach kommt eine gute Flasche Rotwein aufs Oberdeck. Der Tag endet mit einer spektakulären Abendstimmung. Das ist der Augenblick, solche Eindrücke im Bild festzuhalten. Jeder holt seine Kamera hervor. Im Zeitalter der Digitalisierung kommt es nicht darauf an, wie viel Bilder geschossen werden. Ich glaube, dass auf diesem

Törn unzählige Aufnahmen von den Eindrücken an Bord und von der Natur gemacht werden.

Wir versprechen uns, die Bilder untereinander auszutauschen und einigen uns darauf, dass unserer lediger Youngster Frank den Auftrag erhält, alle Bilder, Filme und sonstiges Material, z.B. Kopien des Logbuches, ARC-Informationen usw. zu sammeln, auf einen Datenträger zu überspielen und uns zur Verfügung zu stellen. So kann jeder von uns das Datenmaterial auswerten und nach seinem persönlichen Geschmack verwenden. Ich bin gespannt, ob diese Vorgehensweise klappt, denn Frank hat Unmengen von Daten zusammenzutragen.

Um 21:00 Uhr treten Lars und ich gut gesättigt unsere Wache an und nachdem auch der letzte Tageslichtstreifen am Horizont verschwunden ist, verkriechen sich die Freiwachen in die Kojen. Lars und ich sind sehr müde. Anscheinend waren wir am Morgen wegen des Segelmanövers doch zu früh aus der Koje geholt worden. Vielleicht haben wir auch den Fehler gemacht, uns nach dem Spi-Manöver nicht wieder schlafen gelegt zu haben. So fallen wir nach dem herbei gesehnten Wachwechsel um 00:15 Uhr hundemüde in unsere Kojen.

Um 05:45 Uhr ist die Nacht zu Ende. Hinein geht's in die Klamotten, die sich heute klamm anfühlen. Die hohe Luftfeuchtigkeit macht vor nichts Halt. Mit dickem Fleece Pullover, Ölzeug und übergestreifter

Schwimmweste geht es hoch aufs Oberdeck. Draußen ist noch tiefe Nacht. Nach kurzer Einweisung
übernehmen wir Schiff und Ruder und picken uns
mit dem Lifebelt an einem der stabilen Holepunkt
ein.

Die Wassertemperatur beträgt jetzt 26,8 Grad. Mir
kommen Gedanken über die Entwicklung von Tropischen Wirbelstürmen und Hurrikane in den Sinn und
wir diskutieren die Fragen, wann ein Tropischer Wirbelsturm zum Hurrikan wird, und unter welchen Bedingungen sich dieser bilden kann. Nach Meinung
der Wissenschaft müssen hierfür mindestens drei
Voraussetzungen erfüllt sein:

1. Die Kondensationswärme:

Sie entsteht, wenn einer sehr großen Wasserfläche
Wärme durch Verdunsten entzogen und bei der Kon-
densation in oberen Luftschichten schnell wieder ab-
gegeben wird.

2. Eine Meeresobenflächentemperatur von mindestens 26 Grad bis zu einer Tiefe von 50 Meter. Diese
Temperaturangabe ist als Anhalt zu verstehen. Sie
kann nach unten abweichen, weil der Temperaturun-
terschied zwischen dem Wasser und den höheren
Luftschichten eine wesentliche Rolle spielt.

3. Eine geringe Windscherung, d. h. eine geringe,
durch Luftdruckunterschiede verursachte Abweichung von Windgeschwindigkeit oder Windrichtung
zwischen zwei Messpunkten.

In unserer jetzigen Situation können wir nur hoffen, dass mindestens eine dieser Voraussetzungen nicht erfüllt ist.

Die meisten tropischen Wirbelstürme entstehen zwischen dem nördlichen und südlichen 30. Breitengrad, weil hier günstige Wassertemperaturen herrschen und die Corioliskraft als ablenkende Kraft der Erdrotation in diesem Bereich schon stark genug ist, eine Drehbewegung der Zyklone einzuleiten.

Tropische Stürme werden zum Hurrikan, wenn diese mindestens Orkanstärke erreichen, also Windstärke 12 auf der Beaufortskala. 12 Windstärken wiederum entsprechen mehr als 64 Knoten oder 118 Km/h.

Hurrikane entstehen grundsätzlich in der Passatwindzone, im Atlantischen Ozean meist südwestlich der Kapverden. Hier ist zwischen Mai und Dezember mit ihnen zu rechnen. Am häufigsten sind sie zwischen Juli und September zu beobachten. Jetzt haben wir Ende November. Haben wir das Schlimmste noch vor uns?

An Backbordseite läuft ein großer Frachter mit uns. Sein Abstand zu uns beträgt ca. fünf bis sechs Seemeilen. Auf dem Meer sind Entfernungen nur schwer zu schätzen. Durch die Erdkrümmung ist der sichtbare Horizont näher als man glaubt. Wenn man als Segler zum Horizont schaut und die Augeshöhe über der

Wasseroberfläche 2 Meter misst, beträgt die Sichtweite bis zum Horizont ca. 2,7 Seemeilen. Bei größeren Entfernungen sind von einem Schiff mitunter nur die Aufbauten, der Schornstein oder die Masten zu sehen.

Zur genauen Messung der Distanz könnten wird das Radargerät einschalten, aber wir wollen ja Strom sparen. Es ist auch nicht so wichtig. Wir müssen das Frachtschiff nur im Auge behalten. Sollen wir versuchen, mit ihm Funkkontakt aufzunehmen? Diesen Gedanken verwerfen wir schnell. In der modernen Seefahrt ist die Brücke auf Schiffen nur schwach besetzt. Der Autopilot führt das Schiff und der Wachhabende ist froh, seine Ruhe zu haben, erst recht in der Nacht. Es kann durchaus sein, dass er ein Nickerchen macht und erst durch ein Warnsignal seines Radargerätes geweckt wird, wenn das Schiff in einen zuvor eingestellten Warnbereich hineinfährt.

Die Peilung zum Frachter steht sehr lange, bis sie dann schließlich doch sehr schnell auswandert und der Frachter in einem geschätzten Abstand von 500 Metern unseren Kurs im stumpfen Winkel kreuzt und nach 20 Minuten hinter der Kimm verschwindet.

Der Wind schläft vollends ein und wir starten den Jockel, wie mein Vater immer zu sagen pflegte. Es ist der Schiffsdiesel. Andere nennen ihn auch „Unterwasserspinnaker". Jetzt nur nicht vergessen, das Dampferlicht zu setzen, eine Eintragung im Logbuch vorzunehmen und den Kühlschrank einzuschalten. Den Batterien tut es gut, der schlafenden Crew weniger. Aber die Batterien sind auch mal wieder aufzuladen. Sie werden doch ganz schön belastet.

Gegen 07:45 geht die Sonne auf. Schnell werden einige Bilder von diesem immer wieder schönen Motiv geschossen. Zeitgleich kommt Wind auf. Kühlschrank aus, Motor aus, Dampferlicht aus, Eintrag in das Logbuch und endlich geht es wieder unter Segeln weiter auf Kurs 250° der immer noch nicht erreichten Passatzone entgegen. Wie von der ARC prognostiziert, erwarten wir den Passat jetzt erst auf 17° N.

Montag, 28. November (9. Seetag)

Ich denke an Jette, mein Enkeltöchterchen. Sie wird heute ein Jahr alt. Mit meinen Gedanken bin ich bei ihr und der jungen Familie. Es ist sehr schön, Großvater zu sein.

Lothar erscheint an Oberdeck und nimmt eine erfrischende Dusche. Wenig später erscheint auch Ralph mit zwei dicken Scheiben Brot in der Hand. Die Sonne steht schon 20° bis 30° über dem Horizont. Mit 8 Knoten rauschen wir unscrcm Ziel entgegen. Die Angel wird ausgebracht. Heute soll wieder frischer Fisch auf den Speiseplan gesetzt werden. Wir sind gespannt, was daraus wird.

Nach dem Wachwechsel und einem guten Frühstück

(der Käse fängt schon an zu schimmeln) setze ich mich an den Salontisch, um mein Tagebuch zu aktualisieren. 1.900 Seemeilen liegen jetzt noch vor uns. Wir müssen uns sputen. Die Flieger nach Frankfurt sind gebucht. Durch unsere Flucht vor „Delta" nach Süden haben wir Zeit verloren. Das ist sehr schmerzhaft, aber nicht zu ändern. Na ja, notfalls müssen wir umbuchen. Wir wollen uns die Freude am Törn deshalb nicht verderben lassen.

Um 10:30 Uhr begebe ich mich in meine Koje, um meine Wache um 15:00 Uhr ausgeruht anzutreten.

Unsere Position um 12:00 Uhr UTC:
Lat. 17° 18,3´ N, Lon. 029° 19,2´W

Die gesamte Crew hat sich jetzt völlig auf den Bordrhythmus eingestellt und ich merke, dass ich mit immer weniger Schlaf auskomme. Weit vor der Zeit meines Wachantritts bin ich fit. Fritz hat zwischenzeitlich den Dieselmotor inspiziert und ein weiteres Leck, diesmal an einem anderen Kühlwasserschlauch mit geringerem Durchmesser festgestellt. Wir überlegen, was zu tun ist. Wir könnten ihn auswechseln, kommen aber nicht ohne weiteres an die Flansche. Hierzu müssten wir zu viel am Motor abbauen. Ich schlage vor, das poröse Schlauchstück auf einer Länge von ca. 5-6 cm herauszuschneiden und durch einen Stunt, wie ich das Rohrstück in Anlehnung an den Begriff aus der Herzchirurgie witzelnder Weise nenne, zu ersetzen. Die Begeisterung für meinen Vorschlag hält sich in Grenzen und wir diskutieren

Alternativen. Nach einigem Hin und Her einigen wir uns schließlich doch für eine Reparatur nach meinem Vorschlag. Lothar und ich erklären uns bereit, diesen Job zu übernehmen. Hierzu müssen erst einmal ein passendes Rohrstück und zwei passende Rohrschellen gefunden werden. Fritz kramt in seinen diversen Ersatzteilkisten und wird tatsächlich fündig. Es ist ein Bogenstück, dessen Radius so groß ist, dass wir ein Stück von ca. 4 bis 5 cm heraussägen können, um ein fast gerades Rohrstück zu erhalten. Nachdem wir an diesem die beiden Sägekanten mit einer kleinen Rundfeile gebrochen haben, schneiden wir den porösen Teil des Kühlwasserschlauches heraus. Danach verbinden wir das Rohrstück mit den beiden Schlauchenden, indem wir es in die beiden Schlauchenden schieben und mit den zuvor gesetzten Schlauchschellen festklemmen. Nach kurzer Zeit ist der Jockel wieder voll einsatzfähig. Wie gut, dass man mal ein Handwerk gelernt hat, auch wenn diese Zeit schon sehr lange zurück liegt. Wenn man über den Atlantik schippert, kann man zwei linke Hände an Bord nicht gebrauchen. Jedenfalls ergänzen Lothar und ich uns in dieser Hinsicht sehr gut und wir sind auch ein wenig stolz auf unsere Leistung.

Nach diesem Einsatz steigt die Stimmung an Bord, die zuvor aus verständlichen Gründen gegen Null tendierte. Ich versuche noch etwas nachzuhelfen, und krame eine CD der Kölner Mundartband „Bläck Föss" aus meiner Reisetasche. Ich kann es kaum glauben, dass die „Bläck Föss" in der Crew unbekannt sind. Meine Musik kommt auch nicht gut an. Schon nach wenigen Takten wird der Tonträger abgeschaltet und auf diesem Törn nicht wieder aktiviert. Jeder will seine Ruhe haben oder seine eigene MP3-Musik über den Kopfhörer hören. Fritz hat ohnehin etwas gegen Musik an Bord und gegen den Willen des Skippers läuft gar nichts.

Unter Deck ist es sehr heiß. Der Schweiß rinnt uns von der Stirn. Irgendjemand hat uns über Sat-Telefon angerufen und dabei erzählt, dass in Köln Schneechaos herrscht. Wir, die hier nur mit der Badehose bekleidet herumspringen, können uns jetzt ein Schneechaos nur schwer vorstellen. Die Wassertemperatur des Atlantiks beträgt jetzt 28,3 Grad.

Zum Abendessen gibt es gekochten Schinken aus der Dose. Er wurde überbacken und schmeckt sehr gut. Dieses einfache Rezept sollte man sich merken. Dazu Kartoffeln und eine Dose Bier.

Der Spi bleibt bis 19:30 Uhr stehen. Fritz fährt ihn ungern in der Nacht, was ich gut verstehen kann. Danach geht es mit ausgebaumter Genua weiter. Wir laufen jetzt 6,5 Knoten, Kurs 276°. Der Himmel zieht sich zu. Nur wenige Sterne sind noch sichtbar. Mich zieht es um 21:00 Uhr in die Koje, denn laut Wachplan muss ich um 00:00 Uhr wieder an Oberdeck erscheinen.

Dienstag, 29. November (10. Seetag).

Gegen Ende meiner Wache taucht an Backbord ein weißes Licht auf. Es ist ein noch nicht genau identifizierbares Schiff, das unseren Kurs nach Peilung langsam kreuzt. Die Wache II wird von uns beim Wachwechsel um 03:00 Uhr entsprechend eingewiesen und ab geht's in die Koje.

Um 08:00 Uhr schmeißt uns Fritz raus. Der Spi soll gesetzt werden. All hands an Deck. Nachdem die Blase steht, laufen wir 9 bis 10 Knoten Kurs 240°. Es wird auch Zeit, dass wir Meilen machen.

Hermann hatte einen Anruf von seinem Freund bekommen. Der schaut täglich ins Internet und verfolgt dort unseren Kurs. Er weiß uns auf Platz 75. Viele Schiffe stehen jetzt südlich von uns. Sie müssen also mit voller Kraft unter Maschine gelaufen sein, anders sind deren Positionen nicht zu erklären. So weit südlich werden sie den dort sicher schon vorhandenen Passatwind nutzen können. Wir diskutieren in der Crew, ob wir nicht auch einen südlicheren Kurs laufen sollten, aber Fritz will nicht.

Es wird immer wärmer. Das in den Plastikflaschen mitgeführte Trinkwasser wird jetzt ebenfalls rationiert, was einige unter uns schon nervös werden lässt.

Unsere Position um 12:00 Uhr UTC:
Lat. 16° 06,6´ N   Lon. 031° 20,0´ W

Der Wind weht aus S-E mit der Stärke 5, die See wird höher. Unter Spi laufen wir immer noch zwischen 9 und 10 Knoten. Vom Wellenkamm im Surf hinab ins Tal messen wir schon mal 11-12 Knoten.

Über Funk erfahren wir, dass sich der Tropische Wirbelsturm „Delta" möglichweise zum Hurrikan entwickelt und nach Osten auf die Küste Nord-afrikas zuläuft, nachdem er zuvor zwischen den Kanarischen Inseln und Madeira hindurch ostwärts Richtung Marokko unterwegs war. Vor allem die Kanaren gelangten in sein Sturmfeld. Dort entstand erheblicher Schaden. Auch in Las Palmas hat er verheerend gewütet. Dort soll es zehn Tote gegeben haben und viele Menschen werden noch vermisst. Da sind wir auf diesem Teil des Atlantiks sicherer aufgehoben, als in der Marina von Las Palmas. Was wäre wenn…….

Heute haben wir wieder keinen Erfolg beim Angeln. Machen wir etwas verkehrt? Wir tauschen die Köder, von denen uns der freundliche Verkäufer einige mitgegeben hat, doch kein Fisch geht uns an den Haken. Auf die Fischtafel müssen wir heute also verzichten. Damit können wir leben, denn Nudeln und Reis haben wir noch reichlich.

Zwischenzeitlich haben wir die Passatzone erreicht. Nach meinen persönlichen Empfindungen ist heute der schönste Segeltag. Sonne, blauer Himmel, achterliche See, Spinnaker-Rauschefahrt in Bade-hose ohne absehbares Ende und beste Stimmung an Bord. Mensch Segler, was willst Du mehr. Der Spi bleibt den ganzen Tag stehen. Segeln pur, so haben wir es gebucht!

Heute haben Lars und ich wieder Backschaft. Es gibt Pfannkuchen in verschiedenen Variationen. Nach ei-nem kräftigen Schluck Rotwein geht es in die Koje.

Mittwoch, 30. November (11. Seetag).

Heute ist der Geburtstag meines Vaters. Er wäre 89 Jahre alt geworden. Ihm habe ich letztlich zu verdan-ken, dass ich jetzt hier auf dem nächtlichen Atlantik Segelwache gehe. In meiner Jugendzeit hat er mir das Segeln beigebracht und in mir die Liebe zu diesem schönen Hobby geweckt. Schon in frühester Kindheit sind wir mit dem Jollenkreuzer seines Freundes von Travemünde aus über die Lübecker Bucht geschip-pert. Später war es der schnelle Schärenkreuzer „He-del" eines befreundeten Hamburger Geschäftsman-nes, der mich im Sommer täglich auf das Wasser lockte. Als Dank dafür, dass ich mich in seiner Abwe-senheit um sein Schiff kümmerte und bei aufziehen-dem Unwetter die Festmacherleinen überprüfte, durfte ich in der Woche jederzeit mit diesem schönen Schiff segeln, wovon ich als Jugendlicher auch reich-lich Gebrauch gemacht habe. So hat sich bei mir die Liebe zur See im Laufe der Zeit immer mehr vertieft und das anfängliche Küstensegeln zum

Hochseesegeln entwickelt. Die Segler-Gene meines Vaters habe ich vermutlich an meine Tochter Sylvia und meinen Sohn Ralf vererbt. Beide sind im Besitz der entsprechenden Segelscheine, die sie an der „Hanseatischen Yachtschule" des DHH in Glücksburg/Ostsee erworben und haben selbst schon viele schöne Törns gefahren. So hat Sylvia u.a. das Baltikum, die Kanalinseln und die norwegische und schwedische Küste kennengelernt.

Um 03:00 Uhr ist die Nacht zu Ende. Schnell wird ein Plastikbecher voll Pulverkaffee getrunken, ein Riegel „Mars" reingeschoben und rauf geht es auf das Oberdeck, nur mit Badehose und T-Shirt bekleidet. Nachts kühlt es kaum noch ab. Das ist bei dieser Wassertemperatur auch kein Wunder.

Heute steckt uns die Müdigkeit wieder in den Knochen. An viel Schlaf war nicht zu denken. Ständig wurde ich in meiner Koje hin und her geworfen. Die See geht heute sehr hoch und ist wesentlich unruhiger geworden. Das Schiff geigt, weit ausholend auf einer zunehmend höher werdenden, von achtern anlaufender Welle. Mit 8 bis 9 Knoten unter Großsegel und ausgebaumter Genua rauschen wir durch die Nacht. Was wäre, wenn wir jetzt auf ein Hindernis, z.B. auf einen über Bord gegangenen Container laufen würden?

Sportschiffer fürchten, wie kaum eine andere Gefahr auf hoher See – herrenlos treibende Container, die

Frachter im Sturm verloren haben. Die meisten von ihnen sinken in rauer See oft sehr schnell, da sie voll Wasser laufen. Doch nicht alle Container sinken, manche treiben noch Tage, Wochen, sogar monatelang an oder kurz unterhalb der Wasseroberfläche und stellen so eine schwer erkennbare und ernstzunehmende Gefahr für die gesamte Seeschifffahrt dar.

Bei einem Containerschiff stehen rund 50 Prozent der Ladung an Deck. Diese Kisten sind in stürmischer See der vollen Wucht der Elemente ausgesetzt. Wieviel von diesen Dingern jährlich verloren gehen ist unklar. Es gibt keine Behörde, die hierüber Buch führt. Reeder, Schiffsmakler und Versicherungsunternehmen halten sich aus ihrer Sicht verständlichen Gründen bedeckt. Bloß keinen Staub aufwirbeln. Schäden werden ohne großes Aufsehen reguliert.

Experten rechneten für das Jahr 2002 mit einer Dunkelziffer von 2500 bis 10.000 Containern, die jedes Jahr verlorengehen. Und jährlich werden es mehr. Rund 30 Millionen Container sind heute weltweit in Umlauf, davon 6 Millionen auf den Ozeanen.

Wer mit einer Yacht auf große Fahrt geht, muss mit allem rechnen. Sturm, Mastbruch, eine kranke Crew – auf alles kann man sich vorbereiten, Vieles trainieren. Doch wenn man Segler nach ihrer größten Angst fragt, bekommt man als Antwort die Angst vor über Bord gegangenen, dicht unter der Wasseroberfläche treibenden und deshalb unsichtbaren Containern zur

Antwort. „Null Chance, da bleibt nur die Rettungsinsel, sofern man sie schnell genug wassern kann", ist eine häufig gehörte Meinung.

So sieht der Alptraum eines Seglers aus, die Gefahr, vor der man sich nicht schützen kann. Für kleinere Schiffe, wie unsere „Chris" können sie das „Aus" bedeuten, wenn man mit ihnen kollidiert. Ich versuche, mir diese Situation und das einzuleitende Rettungsszenario in Gedanken vorzustellen. Gleichzeitig versuche ich, derartige Gedanken beiseite zu schieben. Bloß nicht daran denken, versuche ich meine Gedanken zu verwischen.

Trotz modernster Elektronik ist die Seefahrt keineswegs ungefährlicher geworden, das muss man sich immer wieder klarmachen. Die zunehmende Globalisierung und die mit ihr verbundenen Probleme und Gefahren wirken sich naturgemäß besonders in der Handelsschifffahrt aus. Täglich laufen auf den Werften in Ostasien immer mehr und immer größere Containerschiffe vom Stapel, besser gesagt aus dem Trockendock, in dem sie heutzutage gebaut werden. Wer kennt nicht die Bilder dieser Riesen, die mit haus- und turmhoch beladenen Containern auf die Reise geschickt werden. Beim Anblick dieser Schiffsgiganten drängt sich dem staunenden Laien immer die Frage der Kopflastigkeit dieser Seetransporter auf.

Man mag sich nicht vorstellen was passiert, wenn diese Schiffe in Monsterseen geraten. Manche verschwinden auf Nimmerwiedersehen mit Mann und Maus und die Experten rätseln über die Gründe hierfür. So wird beispielsweise vermutet, dass der LASH-Carrier „München", ein deutsches Frachtschiff, Opfer dieser Monsterwellen wurde. Es verschwand im Dezember 1978 nördlich der Azoren in einem Orkan mit mittleren Wellenhöhen bis zu 16 Meter mit Mann und Maus. Bis heute ist das Schiff samt seiner Besatzung von 28 Personen verschollen. Gefunden wurden nur ein leeres, zerstörtes Rettungsboot, drei Leichter, unbenutzte Rettungsinseln und eine Notfunkbake. Über die mögliche Ursache des Verschwindens wird heute noch spekuliert. Neuere Erkenntnisse über so genannte Monsterwellen mit Höhen bis zu 35 Metern erhärten die Vermutung, dass die „München" von einer oder mehrerer dieser Wellen getroffen und so stark beschädigt wurde, dass sie sank.

Die Gefahr des Zusammenstoßes mit einem Container wird von Jahr zu Jahr größer. Ganz wohl ist mir bei diesem Gedanken nicht und ich verwerfe ihn schnell, denn ohne Bereitschaft zum Risiko hätte ich diesen Törn nicht antreten dürfen. Ich bin mir dieses Risikos bewusst.

Wie aber steht es beispielsweise mit der großen Anzahl der Urlaubs-Kreuzfahrer? Ich bin der Überzeugung, dass in einer Zeit, in der Urlaubsreisen zunehmend „all inklusiv" angeboten und gebucht werden, das Gefühl für Gefahren weitgehend verloren

gegangen ist. Die Teilnahme an den gesetzlich vorge-
schriebenen Sicherheitseinweisungen an Bord wird
wohl mehr unter dem Gesichtspunkt eines „Events",
als ein Training für den Ernstfall angesehen. Auch ist
es heutzutage nicht mehr zwingend erforderlich, mit
angelegter Schwimmweste zur Sicherheitseinweisung zu erscheinen. Man will doch seine Gäste an
Bord nicht verschrecken. Auch die zunehmende
Beliebtheit und Nachfrage nach Kreuzfahrten in die
Antarktis und das Kreuzen zwischen den Eisbergen
mögen meine These belegen.

Das über mir stehende Sternbild des Orion stört dies
alles nicht. Es steht seit Jahrmillionen dort oben. Vom
Großen Wagen, der unseren Himmel im Norden dominiert, ist heute nichts zu sehen. Er steht zu tief über
oder bereits unter der Kimm.

Ich genieße die rauschende Fahrt über den nächtlichen Atlantik und freue mich, dass ich trotz meiner
realistischen Einschätzung der Risiken den Mut aufgebracht und den Entschluss gefasst habe, diesen
Törn anzutreten. Aber wie mag so ein Törn in 20, 30,
oder 50 Jahren aussehen? Wird dann eine Überquerung des Atlantiks aufgrund der Klimaveränderun-
gen überhaupt noch möglich sein?

Erst vor wenigen Wochen, am 29. August 2005, wurden die schlimmsten Befürchtungen der Klimaforscher wahr, als der Hurrikan „Katrina" mit rund 280
Kilometer pro Stunde auf die amerikanische

Golfküste traf und dort große Schäden anrichtete. Durch diesen Hurrikan, der als eine der verheerendsten Naturkatastrophen in die Geschichte der Vereinigten Staaten einging, verloren mindestens 1.800 Menschen ihr Leben. Der angerichtete Sachschaden wird auf 125 Milliarden Dollar geschätzt.

„Katrina" wurde zum heftigsten Wirbelsturm, der in der dortigen Region jemals verzeichnet wurde. Sturmböen von bis zu 344 km/h zerstörten oder beschädigten im Golf von Mexico insgesamt 30 Bohrinseln, was zu einer Energiekrise in den USA, und zu einer Explosion der europäischen Rohöl- und Benzinpreise führte. So stieg der Benzinpreis in Deutschland binnen weniger Tage um 18 Cent pro Liter.

Laut Statistik entstehen jährlich 5-8 Hurrikans. „Katrina" bildete sich als 12. tropisches Tief-druckgebiet bei den Bahamas und erlangte im Golf von Mexico bei dortigen Wassertemperaturen von 30° Celsius den Status eines Hurrikans.

Ihm folgte nur kurze Zeit später mit der laufenden Nummer 13 der noch stärkere Hurrikan „Rita". Nur wenige Wochen vor unserem Start über den Atlantik war dieser Hurrikan am 22. September 2005 mit Windgeschwindigkeiten von 265 Kilometer pro Stunde der stärkste Hurrikan, der seit Beginn regelmäßiger Aufzeichnungen im Golf von Mexico gemessen wurde. Die von ihm angerichtet Schäden waren jedoch weit geringer als bei seinem Vorgänger.

Dennoch ließ „Rita" die Ölpreise weiter steigen und der Dax fiel bei der Ankunft von „Rita" um 0,59 % auf 4.847 Punkte.

All das geht mir jetzt durch den Kopf und auch die vielen Fragen: Was ist, wenn die Klimaforscher recht behalten und sich die Wassertemperaturen noch weiter erhöhen? Entstehen dann Hurrikane „am laufenden Band"? Wo ziehen sie hin? Welche Schäden richten sie an? Wie stellt sich der Mensch darauf ein? Gilt das auch für die südlicheren Breiten, für die Gebiete, in denen wir uns jetzt befinden? Fragen über Fragen, auf die niemand überzeugende Antworten hat oder mögliche Katastrophen besser verschweigt? Auch ich versuche, diese Szenarien zu verdrängen und genieße den Augenblick.

Die Eindrücke dieses Törns werden mir unvergesslich bleiben. Sie sind auch schwer zu beschreiben. Man muss es im Leben einfach mal erlebt haben. Trotz dieser wunderschönen Eindrücke sind wir froh, wenn wir uns innerhalb unserer Nachtwache alle halbe Stunde am Ruder ablösen können. Wie mag es da auf den kleineren Yachten mit einer viel geringeren Besatzung aussehen? Uns fällt das konzentrierte Starren auf den Kompass schwer. Bei dieser See ist das Schiff nur mit großen Kraftanstrengungen auf Kurs zu halten. Das macht den Atlantik aus. Nach meinem Gefühl ist das Rudergehen anstrengender als in anderen Gewässern. Vielleicht kommt es mir auch heute nur so vor. Die lange, hochgehende Atlantikwelle wird von „kleineren" Wellen, die teilweise von seitlich achtern anrollen, überlagert. Selbst diese kleineren Wellen sind schon deutlich höher als solche, die man bei vergleichbaren Windstärken von der Ostsee her kennt.

Pünktlich um 06:00 Uhr erscheint die Wache II an Oberdeck. Nach kurzer Einweisung verschwinden Lars und ich in unsere Kojen. Geschlafen wird unter einem Bettlaken, anders sind diese Temperaturen nicht mehr zu ertragen. Nur gegen Morgen wird es kühler, und ich ziehe mir die leichte Decke über meinen nackten Oberkörper.

Eigentlich will ich heute mal länger schlafen, aber Fritz will schiften, d.h. den Spinnaker auf die andere Seite bringen, um den Kurs wechseln oder anpassen zu können. Um unseren jetzigen Kurs zu halten, müssen wir höher an den Wind. Also raus aus der Koje, Schwimmweste und Lifebelt angezogen und hin zum Vorschiff. Dort liegen einige tote fliegende Fische, die in der letzten Nacht aus der hoch gehenden Welle auf das Deck geflogen und dort verendet sind.

Auf dem Vorschiff erwartet uns Schwerstarbeit. Der Kopf der Genua hatte sich in der Nacht unbemerkt am Jumpstag verfangen und sich um dieses herum stramm eingedreht. Wie konnte das passieren? Fritz erklärt uns, dass unser Jumpstag bei Werftarbeiten zu hoch am Mast angeschlagen wurde. Er ist sauer auf die Monteure und schimpft wie ein Rohrspatz. Es vergeht eine gute Stunde, bis alles wieder klariert ist.

Auf Claudio, den sympathischen und ungemein tüchtigen und fachlich versierten Mechaniker der YSE ist er ohnehin nicht gut zu sprechen, aber das hat andere Gründe.

Nach getaner Arbeit wird das Großsegel gerefft und ich begebe mich unter Deck zum Frühstück. Anschließend ist Körperhygiene angesagt. Mein Bart, den die Crew ganz toll findet, soll runter. Er ist bei diesen feuchtwarmen Temperaturen in den letzten Tagen stark gewachsen.

Nachdem ich meine persönlichen Aufzeichnungen auf den neuesten Stand gebracht habe, ist Sonnenbaden angesagt. Die Welle geht immer noch hoch und plötzlich springt ein fliegender Fisch an Deck. Wenn wir die Fische schon nicht mehr fangen, kommen diese wenigstens freiwillig zu uns.

Soeben meldet die Wache einen „Mitbewerber" von achtern aufkommen. Sofort macht sich Regattafieber breit. Die Segelstellung wird optimiert und der Rudergänger angewiesen, diszipliniert seinen Kurs zu halten. Es ist ein sinnloses Unterfangen, denn wenn der andere Segler nicht schneller wäre als „Chris", hätten wir ihn gar nicht erst von achtern aufkommend zu Gesicht bekommen.

Die Stimmung an Bord ist auch nach den vielen Seetagen auf dem Atlantik immer noch gut, gelegentlich sogar euphorisch. Jeder gibt sein Bestes und nimmt sich persönlich nicht so wichtig. So soll es sein.

Mir fällt der Wechsel von Wache, Freiwache, Backschaft, Körperpflege und Arbeit am Schiff leichter, als ich mir dies vor Antritt des Törns vorgestellt hatte. Wichtig ist nur, Schlafdefizite zu vermeiden, und in der Freiwache, sei sie auch noch so schön und interessant, zeitig die Koje aufzusuchen. Das gelingt meistens auch problemlos.

Fritz führt das Schiff mit großer Souveränität. Wir fühlen uns bei ihm sicher. Seine langjährige Erfahrung als Berufsskipper beim DHH und als Schiffsführer der „Chris" ist jederzeit spürbar. Er und seine „Chris" haben sich zusammengeschweißt. Er kennt jede ihrer Macken, Stärken und Schwächen.

Unsere Position um 12:00 Uhr UTC:
Lat. 15° 01,6′ N, Lon.034° 10,6′ W

Um 14:00 Uhr empfangen wir eine Dringlichkeitsmeldung. Danach hat eine ARC-Yacht einen Kielbolzen verloren und Wassereinbruch festgestellt. Die Crew bereitet sich auf das Verlassen des Schiffes vor. Ein in der Nähe stehendes Handelsschiff wird gegen 15:00 Uhr auf der Position des Havaristen erwartet.

Zeitgleich mit dieser Meldung wird ein weiterer Tropical Storm namens „Epsilon" angekündigt. Das kann doch nicht sein, schießt es mir durch den Kopf.

„Epsilon" wäre dann schon der 14. Hurrikan und damit der 26. namentlich benannte Tropische Sturm in diesem Jahr. Doch in 2005 ist offensichtlich alles anders. Was sollen wir davon halten.

Wir schauen in die Seekarte um unsere Position, insbesondere Richtung und Entfernung zu „Epsilon" festzustellen. Fritz erzählt uns, dass der Atlantik wegen seiner Größe in verschiedene Seegebiete aufgeteilt ist und jedes Seegebiet seinen Namen hat, z.B. Cap Verde, Alizas Quest, East Antilles, Meteor, Trying, Colorado, Ridge usw. Allerdings würden die amerikanischen Bezeichnungen teilweise von den euro-päischen abweichen. Auch sind deren Größe und Lage nicht einheitlich. Das ist sehr ärgerlich, aber was soll man machen. Für mich ist diese Information neu und ich bin der Meinung, dass die weltweit agierenden maritimen Organisationen hier noch einen Nachholbedarf bezüglich der Harmonisierung und Standardisierung der Seegebiete haben. Fritz jedenfalls hat vorgebeugt und diese Gebiete schon vor Törnbeginn mit Bleistift in die Seekarte eingezeichnet. Das erleichtert die Wetternavigation wesentlich. So können wir mit Blick auf die Seekarte schnell feststellen, dass uns „Epsilon" möglicherweise „nur" mit seinen Ausläufern berühren wird.

Am Nachmittag feiern wir „Bergfest" und stoßen mit einem Glas Rotwein an. Hinter uns liegen 1550 Seemeilen, das ist die Hälfte der zurückzulegenden Seestrecke. Ich bin mir nicht sicher, ob diese Rechnung stimmt, denn schließlich haben wir einen „Umweg" gemacht. Es kommt eben darauf an, wie man rechnet.

Dabei spielt folgende Überlegung eine Rolle:

Die kürzeste Entfernung zwischen zwei Punkten auf einer Kugeloberfläche (Erde), die s. g. Orthodrome, ist immer Teil eines Großkreises, dem größtmöglichen Kreis auf der Erde, dessen Mittelpunkt immer mit dem Mittelpunkt der Erde zusammenfällt. Der Äquator ist so ein Großkreis. Er ist zugleich der größte Breitengrad. Auch die Längenkreise sind Großkreise und gehen durch den Nord- und Südpol.

Die kürzeste Entfernung zwischen den Kanarischen Inseln und der Insel St. Lucia ist also ein Teilstück (Bogenstück) eines Großkreises und ein bestimmter Winkelgrad am Erdmittelpunkt. Der Vollwinkel hat 360 Grad. Ein Grad besteht aus 60 Winkelminuten (1° = 60'). Eine Winkelminute (Bogenminute) ist also der sechzigste Teil eines Winkelgrads: 1° 60 = 0,016°. Die Winkelminute (Bogenminute) wird (also als „Längenminute" bzw. als „Breitenminute" am Äquator) bei einem angenommenen Erdumfang von 40.000 Km und mittlerem Erdradius von 6.371 Km errechenbar. Das Ergebnis von 1.852 Metern ist eine Seemeile.

Das Befahren der Erdkugel auf Orthodromen (kürzeste Entfernung zwischen zwei Punkten auf der Erde) wird Großkreissegeln genannt.

Auf den Großkreisen der Erde entspricht eine Winkelminute (Bogenminute) einer Seemeile.

Alles graue Theorie? Wir sind zwar nicht auf einem Großkreis gesegelt, gehen aber davon aus, dass wir richtig geplottet haben und genau wissen, wieviel Seemeilen bereits hinter uns und wieviel noch vor uns liegen und das soll reichen für ein angesagtes „Bergfest" mit einem guten Schluck Rotwein.

Auch an diesem Tag wird die Angel am Abend ohne Ergebnis eingeholt. Statt Fisch gibt es zum Abendessen Nudeln mit reichlich Zwiebeln und Tomaten. Das Essen ist sehr scharf gewürzt aber gut. Dazu gibt es eine Dose des auf eine Dose/Mann/ Tag rationierten Bieres.

Um 18:00 Uhr trete ich meine dreistündige Wache an, nach der ich mich um 22:00 Uhr in meine Koje verkrieche, nicht ohne zuvor noch einen „Absacker" an Oberdeck genommen zu haben. Er lässt mich schnell einschlafen, während uns ein stetig wehender Passat weiter nach Westen schiebt.

Donnerstag, 01. Dezember (12. Seetag).

Um 03:00 Uhr ist Wachantritt. Das Rudergehen ist wieder sehr anstrengend. Immer noch setzen sich auf die langen Atlantikwellen kleinere, kreuz und quer von Backbord und Steuerbord achtern anlaufende

Wellen. Sie werfen unsere „Chris" hin und her und machen uns zu schaffen. Außerdem schralt der Wind und nimmt in kurzer Zeit an Stärke zu. Es ist kein typischer Passatwind mehr.

Im Handbuch lesen wir, dass sich im Passat kleine „Westerly Waves", die schon mal für Unruhe sorgen, einbetten können. Was wir hier spüren ist aber mehr. Von einem Passatwind, wie er im Lehrbuch steht, keine Spur. Aus dem harmlosen Passatwind ist inzwischen ein Sturm geworden, und der ist um diese Jahreszeit hier in diesen Breiten ungewöhnlich, wie uns später auch von anderen ARC-Teilnehmern bestätigt wird. Hurrikan „Epsilon" hat uns doch noch mit seinen Ausläufern erwischt. Diese sind es, die im frischen Nordostpassat eine üble Kreuzsee quer zu den regulären Seen aufwerfen und uns jetzt zunehmend zu schaffen machen.

Später erzählt uns ein erfahrener englischer Segler vom Nachbarschiff, dass diese Atlantiküberquerung seine bislang aufregendste und schwierigste war. Er wüsste wovon er redet, denn er ist Routinier und hat den Atlantik schon 27 Mal überquert.

Wir laufen unter Schmetterlingsbesegelung und haben die Genua mit dem Spi-Baum ausgebaut. Lars telefoniert mit seinem segelbegeisterten Freund. Der meldet ihm unsere aus dem Internet bezogene aktuelle Position. Im Vergleich zum Gesamtfeld der Flotte liegen wir gar nicht schlecht, obwohl wir gegen die modernen Schiffe eigentlich keine Chance haben. Ganz zu schweigen von den Katamaranen, die schon Tage vor uns ihr Ziel erreicht haben werden. Darauf kommt es uns auch nicht an. Unser Ziel war und ist die Überquerung des Atlantiks von Ost nach West auf der klassischen Route, auf der vor uns schon Kolumbus gesegelt ist. Dieser wollte auf der Westroute Indien erreichen und entdeckte stattdessen 1492 Amerika, genauer gesagt die Kleinen Antillen. Wie mag den Seeleuten auf der „Santa Maria" und den beiden Begleitschiffen damals wohl zumute gewesen sein. Heute errechnet uns das Global Positioning Sytem (GPS) (globales Navigationssatellitensystem zur Positionsbestimmung) in Abhängigkeit von Kurs und Geschwindigkeit unsere genaue Schiffsposition und unsere voraussichtliche Ankunftszeit. Die Welt ist heute genauestens vermessen. Entfernungen und Orte sind bekannt. Im 15. Jahrhundert dagegen fuhr man ins Ungewisse. Die Unwissenheit über die geografischen Verhältnisse war groß. Von wenigen Leuten abgesehen glaubte man noch, die Erde sei eine Scheibe. Unter diesen Umständen viele Tage auf See zu sein und nicht zu wissen, wann, wo und wie die Reise zu Ende geht und ob Trinkwasser und Verpflegung reichen, muss unheimlich gewesen sein. Ganz abgesehen von der tagelangen Dümpelei in den windarmen Zonen, wo es auch ohne Jockel weitergehen musste und weiter ging.

Der Sonnenaufgang heute ist besonders schön. Ich genieße ihn sehr intensiv, auch wenn ich mich auf meine Koje freue, in die ich gleich kriechen werde.

Aber daraus wird nichts. Fritz will den Spi setzen. Das falsch angeschlagene Jumpstag macht die Arbeit auf dem Vorschiff wieder zu einer schweißtreibenden Angelegenheit. Wir müssen schwer aufpassen, dass sich Spifall und Toppnant nicht um das Jumpstag wickeln, was bei den Rollbewegungen des Schiffes nicht so einfach ist.

Nachdem der Spi steht, frischt der Wind auf und legt von Minute zu Minute zu. Bald haben wir zuviel Wind, um den Spi stehen zu lassen. Mit großer Mühe wird er wieder geborgen. Dabei bricht ein Teil der Verbindungslasche, mit der der Spi-Baum am Mast angeschlagen wird. Können wir ihn und Spi für den Rest der Reise jetzt vergessen?

Bei Manövern unter Stress zeigen sich die Stärken und Schwächen der Crew. Obwohl alle Crewmitglieder gut ausgebildet und sehr segelerfahren sind, lässt die Kommandosprache zu wünschen übrig. Sie ist zu leise und nach meiner Auffassung auch nicht präzise genug. Das darf nicht sein. Gefährliche Irrtümer können wir uns hier auf dem Atlantik nicht leisten.

Mittlerweile haben wir 11:00 Uhr und ich werde auf meinen Schlaf vor der nächsten Wache wohl verzichten müssen, denn diese beginnt schon um 12:00 Uhr.

Am Horizont ziehen zwei Segler unter Spi an uns vorbei. Unsere Chancen auf einen guten Platz werden

Schiff für Schiff schlechter, was soll´s! Die Erlebnisse an Bord, die gewaltige, tief beeindruckende See, das Segeln in der Nacht, in der wir immer wieder helle Sternschnuppen zu sehen bekommen, entschädigen uns für alles.

Unsere Position um 12:00 Uhr UTC:
Lat. 15° 15,2´ N, Lon. 036° 52,5´ W

Aus dem Funkverkehr der anderen Yachten mit der ARC erfahren wir, dass zwei Schiffe aus unserer Flotte aufgegeben haben und nach Las Palmas zurückgekehrt sind. Keine Meldungen erhalten wir von den beiden Havaristen.

Freitag, 02. Dezember (13. Seetag).

Bei Wachantritt um 00:00 Uhr bin ich noch hundemüde. Lars geht es ebenso. Wir versuchen uns durch intensive Gespräche wach zu halten, was uns auch ganz gut gelingt. Trotzdem müssen wir versuchen, unser durch das morgendliche Spi-Manöver in unserer Freiwache aufgebaute Schlaf-defizit auszugleichen. Als wir um 03:00 Uhr in die Kojen steigen, schlafen wir sofort ein.

Um 07:45 Uhr werden wir irrtümlich geweckt. Frank hat sich in der Uhrzeit vertan. Lars steht auf und kehrt auch nicht in seine Koje zurück, als er den Irrtum feststellt, denn wir haben Backschaft. Ich folge ihm kurze Zeit später.

Die Sonne steht schon hoch am Himmel, als ich das Ruder übernehme. Der Wind frischt auf und wir wollen den Spi setzen. Das ist jetzt wieder möglich, weil Lothar gestern noch das defekte Teil am Spi-Baum bzw. an der Mastschiene repariert hat. Jetzt läuft alles wie geschmiert. Wir sind mit unserm Manöver sehr zufrieden und langsam kommt wieder Ruhe ins Schiff.

Mit 6,7 Knoten laufen wir nach Westen. Einige von uns träumen schon laut vom eisgekühlten Bier, das uns auf St. Lucia erwartet. Auch hoffen wir, zumindest noch an einer der vielen ARC-Partys teilnehmen zu können, auch wenn die Zeit hierfür wegen unseres Rückfluges nach Deutschland sehr knapp werden dürfte.

Der Spi steht und ich begebe mich wieder unter Deck, um mein begonnenes Frühstück fortzusetzen. Wir haben nur noch sehr wenig Brot und suchen nach Alternativen. Die ausgefallensten Vorschläge werden gemacht, um die Verpflegungsliste zu verlängern. Von der Salzstange mit Nutella (von einigen bereits mit Erfolg ausprobiert) bis zum Reis mit Zucker und Zimt (wohlgemerkt: zum Frühstück!!) ist alles dabei. Penibel werden jetzt alle Verbräuche überwacht.

Auch mit Strom und Wasser müssen wir äußerst sparsam umgehen. Das Geräusch der elektrischen Wasserpumpe bei geöffnetem Wasserhahn hat uns alle sensibilisiert. Bloß keinen Fehler machen.

Unsere Position um 12:00 Uhr UTC:
Lat. 15° 44,9´ N, Lon.030° 10,45´ W

Die Sonne brennt unbarmherzig vom Himmel. Obwohl unsere Körper schon gebräunt sind, schützen wir uns vor den UV-Strahlen. Zwischendurch erfrischen wir uns immer wieder mit einer Pütz Seewasser. Der Atlantik hat jetzt Badewannentemperatur erreicht. Wir unterhalten uns über unsere Platzierungschancen und finden uns gar nicht so schlecht.

Die Backschaft hält uns in Trab. Lars schlägt für die nächste warme Mahlzeit Kartoffelsalat mit Würstchen vor, nachdem wir gestern einen guten Bohneneintopf serviert bekamen.

Unser gutes Spi-Manöver wird von Fritz mit einem Bier belohnt, das seine Frau Anette aus der „stillen Reserve" gezaubert hat. Auch wenn Alkohol an Bord bei Fahrt durchs Wasser grundsätzlich tabu ist, ist dieses Bier für uns eine willkommene Ausnahme.

Unter Spi kommen wir jetzt gut voran, auch wenn wir vor dem Wind kreuzen müssen, um unseren Kurs zu halten. Für die nächsten Tage sagt der Wetterbericht Wind mit gleicher Richtung und Stärke voraus. Wir hoffen, dass wir verloren gegangenes Terrain gut machen können. Unsere Chancen hierfür stehen nicht schlecht.

Nach einem Sat-Telefongespräch mit der Yacht-schule Elba erfahren wir von Gabriele, dass der Hurrikan „Epsilon" nach Nord-Ost abziehen soll. Auf ihn können wir auch gut verzichten, denn wir haben genug Wind, der gegen Abend jedoch ein-schläft. Da die leeren Batterien ohnehin mal wieder aufzuladen sind, fahren wir unter Motor in die Nacht.

Samstag, 03. Dezember (14. Seetag).

Zu Beginn meiner 03:00 Uhr-Wache ist der Himmel klar. Nur über dem Horizont liegt Dunst. Wir sind noch ganz beeindruckt von den atemberaubenden Bildern des Sonnenuntergangs. Um 06:00 Uhr ist Wachwechsel. Nach einigen Stunden Schlaf werden wir an Oberdeck geholt. Der Spi soll gesetzt werden. Wieder liegt auf dem Vor-schiff ein fliegender Fisch.

Um 10:00 Uhr liegen genau 1.900 Seemeilen hinter und noch gut 1.100 Seemeilen vor uns. Die Zeit wird knapp.

Unsere Position um 12:00 Uhr UTC:
Lat. 15° 10,2′ N, Lon. 041° 30,3′ W

Wir genießen jetzt den Passat, so wie er vielen Büchern beschrieben wird. Kleine Wölkchen, wie von einer Dampflokomotive (wer kennt sie noch?) ausgestoßene Wattebällchen ziehen am Himmel mit uns. Der Wind weht gleichmäßig aus östlicher Richtung mit Stärke 5.

Über Kurzwelle erhalten wir Kenntnis von den winterlichen Temperaturen in Deutschland. Bei den Gedanken an 1 bis 5 Grad am Thermometer laufen uns kalte Schauer über den Rücken. Seit Tagen segeln wir in Badehose. Mütze und Sonnenbrille schützen uns vor der Strahlung.

In der Mittagszeit wird die Hitze unerträglich. Unter Deck sind es mehr als 30 Grad. Die Wassertemperatur des Atlantiks beträgt jetzt 28 Grad. Nachts kühlt es angenehm ab. Die Schwüle der ersten Tage ist verschwunden. Auch das Oberdeck ist nicht mehr feucht. Gegen Morgen wird es jedoch frisch, und ich ziehe meinen Fleece Pullover über mein T-Shirt, bleibe jedoch barfuß.

Unser Proviantvorrat geht weiter zur Neige. Das Brot ist jetzt restlos aufgebraucht. In Kürze haben wir auch kein Obst mehr. Trotzdem bleibt die Stimmung gut. Keiner von uns nimmt sich so wichtig und jeder gibt, was er kann.

Mit Lesen und Ratespielen vertreiben wir unsere Zeit und jeder von uns erzählt Geschichten aus seinen reichhaltigen Erfahrungen unter Segeln. Fachliteratur gibt es genug an Bord und wird mit mehr oder weniger großem Interesse genutzt.

Fritz telefoniert mit einem ihm bekannten ARC-Teilnehmer. Der hatte ein Netz in der Schraube und musste diese im Tauchgang befreien. Keine angenehme Arbeit bei diesen anrollenden Wellen mitten auf dem Atlantik.

Der neueste Wetterbericht prophezeit uns Windstärken um 60 Kn. Das kann noch heiter werden. Zwar benötigen wir derzeit mehr Wind, sind aber vor dem Hintergrund dieser Meldung mit unserer jetzigen Situation sehr zufrieden. Es ist eben alles relativ.

Zum Abendessen gibt es Spiralnudeln mit Tomaten und Thunfisch. Hermann kann das daily beer nicht erwarten, doch für dieses steht die Sonne noch zu hoch am Himmel.

In der Nacht bleibt der Spi stehen. Der Passat weht konstant mit gleicher Stärke. Winddreher und Böen bleiben aus. Wir sehen die Lichter von Segelyachten, die unseren Kurs nach Westen auf anderen Kursen kreuzen. Teilweise sind drei weiße Lichter auszumachen. Später legt der Wind in den Böen zu und wir laufen 8, zeitweise 10 Knoten.

Nachts wird eifrig nach markanten Sternen Ausschau gehalten und wir versuchen, diese zu identifizieren. Der Große Wagen erscheint erst weit nach Mitternacht am nördlichen Horizont. Ständiger Begleiter ist das markante, von Osten aufsteigende, am frühen Morgen im Zenit stehende Sternbild des Orion. Seine hellsten Sterne, Beteigeuze und Rigel, sowie die drei Gürtelsterne sind klar zu erkennen. Der wieder zunehmende Mond erscheint heute nicht achteraus, sondern unmittelbar vor uns im Westen. Mit schmaler Sichel steht er zunächst über dem Horizont, steigt senkrecht bis auf eine Höhe von ca. 40° und fällt nach ca. eineinhalb Stunden senkrecht nach unten, bis er hinter der Kimm verschwindet. Ein für uns Nordlichter sehr ungewohntes Bild.

Meine Wache endet um 06:00 Uhr und ich verhole mich nach dem Frühstück in die Koje.

Sonntag, 04. Dezember (15. Seetag).

Heute ist der Zweite Advent. Wieder ist nichts von vorweihnachtlicher Stimmung an Bord zu spüren. Wie soll diese auch aufkommen? Die Lufttemperatur beträgt 30 Grad, die des Atlantiks 28 Grad. Bis zum Ziel liegen jetzt noch weniger als 1.000 Seemeilen vor uns.

Unsere Gedanken kreisen bereits um den Zeitpunkt des Einlaufens. Wenigstens an einer dieser tollen karibischen Partys wollen wir doch noch teilnehmen, bevor uns der Flieger wieder zurück in den Kühlschrank bringt.

Wenn wir uns voneinander verabschieden, muss Lars als erster von uns zum Airport auf Martinique. Der Gedanke daran lässt ihn nervös werden. Ich denke an die junge, sehr freundliche Reiseverkehrsfrau aus meinem Meckenheimer Reisebüro.

Hoffentlich hat sie alles richtig gemacht, mit der Buchung des Insel Hoppers von Martinique nach St. Martin.

Fritz hört wegen des angekündigten Hurrikans „Epsilon" jetzt mehrmals täglich die Wetterberichte von Meteo France und der ARC ab. Wir erfahren, dass „Epsilon" weit nördlich an uns vorbeizieht. Eifrig notiert er die Wettermeldungen und aktualisiert seine Zeichnungen in der Seekarte. Ich selbst schreibe die Wettermeldungen nicht mit, weil wir vereinbart haben, das Logbuch am Ende des Törns zu kopieren und jedem von uns eine Kopie zukommen zu lassen.

In unserer Freiwache ist Körperhygiene angesagt. Mein Bart ist in diesem Treibhausklima wieder stark nachgewachsen und muss geschnitten werden. Die tägliche Salzwasserdusche tut gut. Trotz des lauwarmen Seewassers ist es immer noch sehr erfrischend. Wir stellen fest, dass das handelsübliche Shampoo für die Körperpflege mit Seewasser ausreicht, auch wenn es etwas weniger schäumt, als das teure Seewassershampoo. Die nicht gerade geringen Mehrkosten hierfür kann man sich sparen. Auch stellen wir fest, dass der Bedarf an frischer Wäsche äußerst gering ist, weil wir tagsüber nur in Badehose und barfuß segeln. Nur bei Segelmanövern werden zur Vermeidung von Verletzungen Bordschuhe angezogen.

Unsere Position um 12:00 Uhr UTC:
Lat. 13° 57,8′ N,   Lon. 043° 49,8′ W

Nachmittags stellen wir fest, dass wir sehr weit nach Süden gekommen sind und gehen auf neuen Kurs um 300°. Auf diesem laufen wir die ganze Nacht. Während meiner Wache von 21:00 bis 24:00 Uhr frischt der Wind auf, und wir binden ein Reff ein. Er weht in gleichbleibender Stärke die ganze Nacht durch.

Montag, 05. Dezember (16. Seetag).

Heute hat meine Schwester Sabine Geburtstag. Sie wird 50 und feiert ein großes Fest. Leider kann ich nicht dabei sein. Man kann im Leben nicht alles haben. Ich freue mich mit ihr, dass sich die Familie mal wieder trifft.

Heute war ich so müde, dass ich das Wecken nicht gehört habe. Backschafter Lars steht schon in der Pantry und bereitet das Frühstücksbüfett vor. Bevor ich aus der Koje steige, landet ein großer fliegender Fisch an Deck und bleibt 10 cm vor meinem offenen Oberlicht liegen. Es hätte nicht viel gefehlt und er wäre in meiner Koje gelandet. Die ganze Crew lacht.

Als ich den Niedergang hoch zum Oberdeck steige, steht die Sonne schon hoch am Himmel. Heute kommt sie mir besonders heiß vor und brennt mir beim Rudergehen auf den Rücken. Eine steil von achtern anlaufende Welle erschwert die Arbeit am Ruder. Der Anblick des Meeres ist atemberaubend. Ich ziehe diese Momente in mich rein und bedaure alle Menschen, die diese Momente nicht erleben können oder keinen Sinn dafür entwickelt haben. Die Eindrücke sind von so großer Nachhaltigkeit, dass ich beim Schreiben dieser Zeilen wieder mitten drin bin im Geschehen. Dennoch bin ich froh, nach jeweils 30 Minuten am Ruder von Lars abgelöst zu werden.

Die Wache am Tag ist angenehm. Gefrühstückt wird zwischendurch und die Körperhygiene kommt auch nicht zu kurz. Der Wind lässt nach und wir wollen ausreffen. Dabei stellen wir einen Riss im Großsegel, zwischen Hals und erster Reffkausch, fest. Um den Schaden in Grenzen zu halten, bleibt das Reff eingebunden. An eine Reparatur ist unter den gegebenen Umständen derzeit nicht zu denken.

In der brennenden Mittagssonne ist es jetzt draußen unerträglich heiß. Zur Erholung verkriechen wir uns immer wieder in die Kajüte. Hier unten lässt es sich gut aushalten. Obwohl es hier nicht viel kühler ist, sind wir doch vor den intensiven Sonnenstrahlen geschützt.

Ein Segler kreuzt unser Kielwasser in ca. 300 m Abstand. Fritz nimmt Funkkontakt auf und stellt erfreut fest, einen alten Bekannten am Funkgerät zu haben. Es ist der Engländer Taugh. Ihn hatte er vor zwei Jahren in Casablanca kennengelernt und später dort unten aus der Bredouille geholfen. Nach Problemen mit seinem Schiff hatte Fritz ihn seinerzeit nach Lanzarote geschleppt. Taugh ist ihm hierfür heute noch sehr dankbar. Über Funk werden Erfahrungen,

Erlebnisse und Grüße ausgetauscht. Dann geht es an die Arbeit.

Fritz näht das Großsegel. Mit gekonnten Stichen setzt er einen 15 x 20 cm großen Flicken aus Segeltuch auf die eingerissene Fläche. Als Ursache für diesen Schaden identifizieren wir einen Rutscher am Vorliek des Großsegels. Der wird beim Reffen in der voran gegangenen Nacht hängen geblieben sein und hat so fest auf einen Block des Patentreffs I gedrückt, dass dieser das Segel durchgescheuert hat. Im Anschluss an diese Reparatur führen wir den täglichen Motorcheck durch. Dabei schauen wir uns ganz besonders die geflickten Kühlwasserschläuche an und stellen fest, dass wir gute Arbeit geleistet haben. Die Schläuche sind soweit o. k.

Unter Groß und Genua laufen wir jetzt Kurs 300° Richtung Karibik. Immer häufiger taucht am Horizont ein Segel auf und wir freuen uns, nach vielen Tagen auf dem Atlantik endlich mal wieder ein Schiff zu sehen.

Lars und ich haben Backschaft. Es gibt Spiralnudeln mit angebratenem Speck, klein geschnittene Gurken, Zwiebeln und Tomaten. Dazu Soße, Parmesan, und wer will, auch Ketchup. Lars war übereifrig und hat viel zu viel Nudeln gekocht. Egal, kalt schmecken sie auch. Dazu gibt es für jeden von uns eine Dose Bier aus Fritzen´s eisernen Reserve. Die Überraschung ist groß, die Freude noch größer, als ich aus dem

Schwalbennest an der Backbordseite des Salons noch diverse Dosen Bier zaubere. An dieses „Versteck" hatte niemand mehr gedacht. Auch ich nicht, obwohl ich beim Verstauen des Bieres in Las Palmas selbst dabei war.

Nach einem kurzen Mittagsschläfchen frischen Hermann und ich unsere Kenntnisse in der astronomischen Navigation auf. Hermann bereitet sich auf die Prüfung für den Sporthochseeschifferschein (SHS) vor und ist ein interessierter Zuhörer. Wir gehen alle gängigen Theorien zur Feststellung des Schiffsstandortes durch. Ich habe meine Kenntnisse in der astronomischen Navigation bei Dr. Johann D. Henning, einem Gynäkologen und Hobbyastronom, in Köln, erworben. Der wöchentliche Unterricht bei ihm fand im Winterhalbjahr 1989/90 in seiner Praxis statt, nachdem die letzte Patientin diese verlassen hatte.

Jan kennt jeden Stern und weiß viel zu erzählen. Beim DHH ist er der anerkannte Experte für die Astronavigation in Theorie und Praxis. Von Elba aus fuhr er mehrere Hochseetörns ohne jedes navigatorische Hilfsmittel, außer der Seekarte. In Verbindung mit der Koppelnavigation wurde nur nach der Sonne und den Sternen navigiert, ohne einen Sextanten zur Höhenmessung zur Hilfe zu nehmen. Selbst der Kompass wurde abgeklebt. Das war Navigation auf höchstem Niveau. Sie wird heute noch in der Südsee von den dortigen Fischern und manch anderen Seeleuten angewandt.

Bei Jan habe ich viel gelernt. Wenn man die Koordinatensysteme, die notwendig sind, um aus der Stellung von Gestirnen am Himmel den Standort des Beobachters auf der Erde bestimmen zu können einmal verstanden hat, ist alles nur noch halb so schlimm. Es sind dies

1. Das System der Erdkoordinaten:

Es definiert den Standort des Beobachters auf der Erde nach Länge und Breite. Wie bereits erwähnt gehören zu den Großkreisen auch die Längenkreise. Auf ihnen liegen die Meridiane. Sie werden auch Längengrade genannt und erstrecken sich jeweils vom Nord- zum Südpol, wie z.B. der Nullmeridian (0°) und der 180°-Meridian. Hingegen sind Breitenkreise (auch Breitengrade genannt) mit Ausnahme des Äquators, keine Großkreise. Man nennt sie deshalb Neben- oder Kleinkreise.

2. Das System des Horizonts:

Es stellt den Bezug her zwischen der Stellung eines Gestirns am Himmel zum Standort des Beobachters

3. Das System des Himmelsäquators: Es legt die Stellung eines Gestirns am Himmel mit der jeweiligen Position auf der Erde fest.

Die Kenntnis dieser Systeme und das Verständnis über die Zusammenhänge der gemessenen, er-rechneten oder aus Tabellen entnommenen Winkel sind

Voraussetzung für die Anwendung der astronomischen Navigation in der Praxis an Bord.

Es gibt mehrere Wege zur Errechnung des Schiffsortes. Von fertigen Navigationsprogrammen, die nur noch mit wenigen gemessenen Daten zu füttern sind, über programmierte oder programmierbare Taschenrechner bis hin zur altehr-würdigen Anwendung der Winkelfunktionen nach der Lehre der Trigonometrie. Ich selbst verlasse mich noch auf die H. O. Tafeln und benötige zur Errechnung der Standlinie keinen programmierten Taschenrechner. Das Nautische Jahrbuch liefert mir die Koordinaten der Gestirne zu jeder vollen Stunde. Nach dem Interpolieren hole ich mir die restlichen Daten aus der Pub H. O. 249.

Und man benötigt die Daten für das Azimut. Wie bereits erwähnt, wandert der Bildpunkt der Sonne mit ihr in 24 Stunden einmal um die Erde. Die rechtweisende Peilung zum Bildpunkt hin ist gleich der rechtweisenden Peilung zum Gestirn hin. Wir nennen sie Azimut. Es gibt die Himmelsrichtung an, in der das Gestirn steht. Man kann es auch wissenschaftlicher ausdrücken: Das Azimut ist der sphärische Winkel am Zenit, gezählt im Uhrzeigersinn vom Nordmeridian bis zum Vertikalkreis des Gestirnes oder das Bogenstück auf dem Wahren Horizont vom Nordpunkt bis zum Vertikalkreis des Gestirnes.

Ich kann und will hier nicht alle Arbeitsschritte von

der Messung des Gestirns zu einem bestimmten Zeitpunkt bis zum Einzeichnen des Schiffsortes in die Seekarte erläutern und darstellen. Nur so viel: In der Anwendung der Astronavigation, insbesondere beim Gebrauch der Regelwerke und Tabellen und beim Messen der Höhe des Gestirns mit dem Sextanten sollte man schon pingelig sein. Eine falsch gemessene oder am Sextanten abgelesene Winkelminute bedeuten 1 Seemeile = 1.852 Meter. Aber wer misst mit dem Sextanten schon so genau. In der Praxis wird der Könner bei besten Messbedingungen einen Messfehler von ein bis zwei Seemeilen nicht vermeiden können.

Die genaue Zeit ist heutzutage kein Problem mehr an Bord. Auch müssen Gang und Stand des Chronometers in keinem Chronometer-Tagebuch mehr nachgewiesen werden.

Auch die Indexberichtigung des Sextanten ist keine große Wissenschaft. Sofern man verstanden hat, wann welche Einflüsse zur Wirkung kommen, sind die Verbesserungen des Höhenwinkels im Rechenwerk schnell berücksichtigt. Schwierigkeiten entstehen m. E. immer durch die Summe kleiner Fehler oder durch nicht oder missverstandene Begriffe, die nicht standardisiert sind. Das ist ein Übel, das ich auch aus anderen Lebensbereichen kenne. Ich helfe mir damit, dass ich alle gebräuchlichen Begriffe und deren Abkürzungen (engl. und deutsch) zusammentrage und nebeneinander aufführe. Wenn man die in der astronomischen Navigation verwendeten

Begriffe richtig interpretieren kann und das Prinzip der Astronavigation verstanden hat, ist der Rechenweg bis zur Standlinie und zum Schiffsort das kleinste Problem.

Wie schon erwähnt würde es an dieser Stelle zu weit führen, den Weg dorthin aufzuzeigen. Hierzu müsste ich weitere Begriffe erläutern und die Zusammenhänge darstellen, z.B. was ist zu verstehen unter dem sphärischen Dreieck des Nautikers, Nadir, Zenitdistanz, Höhenvergleich, Fix, Breitenparallel, scheinbarer Horizont, Höhenparallele, Vertikalkreise, Kimmtiefe, Refraktion, Parallaxe, Mittelpunkts-verbesserung, Abweichungsparallele, obere Kulmination, Ortsstundenwinkel, Frühlingspunkt, Sternenwinkel, und vielen Begriffen mehr.

Mir kommt es hier nur darauf an, die Scheu zu nehmen und Mut zu machen, sich dem sehr interessanten Gebiet der Astronomischen Navigation einmal zu nähern.

Nach Auffrischung unserer Kenntnisse und der Diskussion mit Hermann wird mir ganz mulmig und wir müssen unser Übungsmessen mit dem Sextanten verschieben. Ich werde doch wohl nicht jetzt noch seekrank? Mir ist ganz schwindelig. Ich fange an zu frösteln und wieder zu schwitzen. Dauernd muss ich aufstoßen. Beruhigt bin ich, als mir Fritz und Ralph sagen, dass es ihnen auch so geht. Da muss wohl etwas in der Luft liegen. Vielleicht war es auch das

Essen. Ein Brandy hilft uns, gesund zu bleiben. Später leeren wir noch eine Flasche Rotwein. Dann zieht es die Freiwache in die Kojen.

Der GPS-Plotter errechnet unsere voraussichtliche Ankunftszeit in St. Lucia. Sie liegt zwischen dem 10. und 12. Dezember, je nachdem, ob wir eine Welle gerade rauf oder runter fahren.

Unsere Position um 12:00 Uhr UTC:
Lat. 14° 13,5′ N, Lon. 046° 27,6′ W

Um unsere Batterien wieder aufzuladen, fahren wir unter Motor in den Abend. Auf dem Radarschirm sind an Steuerbordseite voraus zwei Objekte auszumachen. Meine Wache dauert noch 30 Minuten. Nach Einweisung der Wache II geht's sofort in die Koje. Ich bin hundemüde und will schnell einschlafen, denn um 03:00 Uhr ist für uns die Nacht wieder zu Ende.

Dienstag, 06. Dezember (17. Seetag).

Tagsüber machen wir gute Fahrt. Unter Groß und Genua laufen wir 7 bis 8 Knoten. So geht es auch in die nächste Nacht. Sie ist so dunkel wie lange nicht mehr. Rein gar nichts ist mehr zu sehen. Der Himmel ist völlig zugezogen. Dennoch hebt er sich vom pechschwarzen Atlantik ab. Am Horizont machen wir ein Wetterleuchten aus, das immer intensiver wird. Donner ist nicht zu hören. Wolken ziehen über uns hinweg und in der einen und anderen dieser dicken

Dinger steckt kräftiger Wind. Wir laufen jetzt zwischen 8 und 10 Knoten und der Wind legt weiter zu. Es fängt an zu regnen.

Als ich wieder in der Koje liege, weckt mich Lärm vom Oberdeck. Die Wache ist dort mit den Reff-arbeiten am Großsegel beschäftigt. Ich begebe mich nach oben, um zu helfen, aber die Freiwache wird nicht benötigt. Es vergeht lange Zeit, bis ich bei diesem hohen Seegang wieder eingeschlafen bin. Immer wieder wache ich auf, wenn eine größere Welle das Heck der „Chris" herumwirft.

Um 10:15 Uhr treibt mich der Hunger aus der Koje. Fritz hat soeben den letzten Wassertank angezapft und mahnt noch einmal zur Sparsamkeit. Noch liegen 680 Seemeilen vor uns.

Der GPS errechnet als ETA (Estimated time of arrival = voraussichtliche Ankunftszeit) den 10.12.05 um 22:07 Uhr. Bei dieser großen Entfernung zum Ziel ändert sich diese Zeitangabe naturgemäß ständig. Aber immerhin ist sie gar nicht so schlecht, wie sich später herausstellt. Ob wir wohl rechtzeitig zur Party kommen?

Mein Frühstück unter Deck ist heute kein Genuss. Die See geht hoch. Wir müssen alle Luken, Oberlichter und Fenster geschlossen halten. Entsprechend stickig und feuchtwarm ist die Luft im Salon. „Chris" wird von der sehr bewegten See hin- und her geworfen. Ein Wunder, dass niemand seekrank wird. Auch bei diesen physischen Belastungen ist die Stimmung an Bord noch gut. Es wird gefrotzelt und gelacht. So etwas habe ich in meinem langen Seglerleben noch nicht erlebt.

Heute ist Nikolaustag. Lars packt sein Geschenk aus, das ihm seine neue Liebe mitgegeben hat. Ich bin mit meinen Gedanken zuhause bei Ute, Sylvia, Ralf, Anke und Jette, meiner kleinen Enkeltochter und freue mich schon auf das Wiedersehen mit allen, die ich liebhabe. Zurück in Deutschland soll es am Wittensee mit der Fertigstellung unserer Dachwohnung weitergehen.

Um 12:00 Uhr beginnt meine Wache. Ölzeug anziehen oder nicht, das ist jetzt die Frage. Ich entscheide mich für meine kurze Sporthose und T-Shirt, denn der Regen ist warm. Notfalls kann ich auch schnell meinen Fleece Pullover überziehen. Der hat sich bisher sehr gut bewährt, vor allem in kühler Nacht.

Frank, unser Youngster, ist sehr wissbegierig. Er hat auf dieser Reise schon sehr viel gelernt, vor allem das Segler-Fachvokabular, was sehr wichtig ist. Er kommt aus dem Staunen nicht mehr heraus. Hermann und Lothar waren bei der Marine und toppen die 1 Million € Fragen, wie wir sie in Anlehnung an das Quiz „Wer wird Millionär?" nennen, nach „Erster Geige", „Colani", „Seite Pfeifen" etc.

Auf Nachfragen werden den Laien Begriffe und Hintergründe erläutert. So ist die „Erste Geige" nicht etwa einem Orchester zuzuordnen, sondern der Dienstanzug der Marine, der in mehrere Gruppen aufgeteilt wird. So tragen Mannschaften bis zum 30. Lebensjahr einen Matrosenanzug, bestehend aus einer dunkelblauen Bluse mit mittelblauem Exerzierkragen und schwarzem Halstuch, einer gleichfarbigen, als Klapphose geschneiderten Seemannshose, schwarze Halbschuhe und Strümpfe und eine Tellermütze mit weißem Bezug und einem Mützenband mit goldenen Namenszug der Einheit/des Schiffes des Soldaten. Im Winter wird hierzu ein kurzer, dunkelblauer Überziehrock, der Colani (auch Kulani genannt), getragen. Es ist eine für die Kriegsmarine aus Schurwolle gefertigte Langjacke, die als Winterbekleidung seit Ende des 19. Jahrhunderts von der Kieler Schneiderei Berger & Colani gefertigt wurde.

Beim „Seite Pfeifen" werden Kommandos mit der Bootsmannpfeife gegeben. Diese verfügt über die Tonlagen hoch und tief. „Seite Pfeifen" wird bei der Marine als Ehrenerweisung eingesetzt und ist dort fester Bestandteil des Bordzeremoniells, z.B. wenn Geschwaderkommandeure, Botschafter oder hohe Staatsvertreter an Bord kommen.

Wir müssen viel lachen, haben Spaß und verstehen uns prächtig. Klar werden Adressen ausgetauscht, wie das so üblich ist. Auch planen wir ein Treffen auf der Viermastbark „Passat", die in meiner Geburts-

und Heimatstadt Travemünde vor Anker liegt. Ob aus diesem Vorhaben etwas wird?

Unsere Position um 12:00 Uhr UTC:
Lat. 15° 03,5´ N,   Lon. 049° 24,6´ W

Der Wind legt weiter zu und wir binden Reff II in das Groß. Auf Kurs 380° laufen wir jetzt 8 bis 9 Knoten. Der Himmel ist bedeckt. Hin und wieder fallen Regenböen über uns her. Meine Wache endet um 15:00 Uhr. Sofort verziehe ich mich in meine Koje. Einige Crew-Mitglieder hören Walkman, Hörbücher oder lesen in der Bibel.

Mittwoch, 07. Dezember (18. Seetag).

Meine Wache beginnt um 00:00 Uhr. Der Himmel ist aufgeklart. Der Wind weht wie am Vortag mit gleicher Richtung und Stärke. Wie schon in den vergangenen Tagen laufen wir zwischen 7 und 9 Knoten. Die See ist sehr unruhig. Das Schiff rollt und geigt und die blauen Flecken an meinem Körper mehren sich. Das Rudergehen wird zur Anstrengung. Ich bin jedes Mal froh, wenn ich nach 30 Minuten abgelöst werde. Wir laufen jetzt unter Reff II im Groß und mit gereffter Genua.

Hin und wieder fegt ein Regenschauer über das Deck. In Böen erreicht der Wind unglaubliche 45 Knoten. Im Surf stürzen wir mit maximal 13,6 Knoten ins Wellental. Wer ist von uns der Schnellste? Die Crew jubelt und beglückwünscht Annette, die zu dieser

Zeit am Ruder steht. Fritz ist stolz auf seine junge Frau.

Hin und wieder steigt Rasmus an Deck und der Eine und Andere von uns wird nass bis auf die Haut, was bei diesen Temperaturen aber keine Rolle spielt, denn der Atlantik misst jetzt 29 Grad. Noch gute 500 Seemeilen liegen jetzt noch vor uns. Wir fühlen uns unserem Ziel sehr nahe. Aber was kann noch alles passieren? Um 06:00 Uhr geht´s in die Koje.

Um 11:15 treibt mich der Hunger an Oberdeck. Ich habe starke Kopfschmerzen. Die Ursache hierfür sehe ich in der außerordentlichen Belastung meiner Halswirbelsäule im Schlaf, bedingt durch das Verdrehen meines Körpers beim Einkeilen zwischen meinen Reisetaschen. Diese sollen ein Hin- und Her rollen meines Körpers bei dem starken Seegang verhindern. Eine Alternative hierzu gibt es nicht. Schnell eine Tablette Omeprazol zur Vorbeugung gegen aufsteigende Magensäure und dann geht's hoch aufs Oberdeck. Nur raus aus der stickigen Umgebung des Salons. Ich muss aufpassen, nicht von der Übelkeit eingeholt zu werden.

Unsere Position um 12:00 Uhr UTC:
Lat. 15° 12,7´ N, Lon.052° 30,6´ W

Der Wind legt noch weiter zu. Er weht jetzt konstant mit Stärke 7, in Böen 8. Eine heftige Böe drückt das Schiff fast auf die Seite. Ich stehe gerade unten neben der Back, als ich meinen sicheren Stand verliere und quer durch den Salon fliege.

Gegen 16:00 Uhr lässt der Wind etwas nach. Bis auf die Wache döst die Crew vor sich hin oder schläft. Fritz repariert das Gestänge der Motorsteuerung in der Plicht. Noch 460 Seemeilen bis zum Cap Estate an der Nordspitze von St. Lucia.

Ich bewundere Annette, die im Sitzen viel Kraft am Ruder aufbringen muss, um das Schiff auf Kurs zu halten. Ich selbst bevorzuge das Rudergehen im Stehen, weil die Hebelwirkung optimaler ist und nicht so viel Krafteinsatz verlangt. Allerdings bin ich immer noch etwas gehandikapt durch meine Schulter, an der über ein Jahr herumgedoktert wurde, bevor es mir besser ging. Im Jahr zuvor hatte ich diese auf einem Segeltörn bei Arbeiten an der Winschkurbel zu sehr beansprucht und mir eine erst spät erkannte Entzündung der dortigen Sehne namens Supraspinatus zugezogen.

Nach dem Abendessen gibt es noch einige Schlucke Rotwein, bevor es um 22:00 Uhr in die Koje geht. Dort ist an Schlaf zunächst nicht zu denken. Wieder verkeile ich mich in meiner Koje zwischen den Reisetaschen. Viel hilft es nicht. Ich werde hin und her geworfen. Das Kojenzeug ist feucht, klamm und voller Salzkristalle, die wir durch unsere tägliche Salzwasserdusche unter Deck bringen. Sie halten die Feuchtigkeit im Bettzeug.

Donnerstag, 08. Dezember (19. Seetag).

Um 00:00 Uhr beginnt meine Wache. Nach dem Genuss eines Bechers Pulverkaffee und eines Apfels geht es an Oberdeck. Der Himmel ist sternenklar und die größer werdende Sichel des zunehmenden Mondes erhellt das Meer. Wind und Welle stehen noch. Wieder geht es ans Ruder, das nur mühsam zu halten ist. Wieder und wieder luvt „Chris" nach Anheben des Hecks durch eine hochgehende See an oder versucht, soweit nach Lee aus dem Ruder zu laufen, dass die Genua einfällt und killt. Und wieder wird „Chris" zurück auf Kurs gebracht, bevor dieses Spiel von vorn beginnt. Ich bin froh, um 03:00 Uhr in die Koje kriechen zu können. Mein Körper ist noch zu sehr angespannt und durch den Krafteinsatz aufgedreht, um sofort einschlafen zu können.

Heute sind Lars und ich wieder mit der Backschaft dran, d.h. wir müssen rechtzeitig aus der Koje kommen, um das Frühstück vorzubereiten. Wasser kochen, Nutella, Knäckebrot, Streichkäse und Marmelade werden bereitgestellt. Mehr ist nicht im Angebot. Der Wind hat zwischenzeitlich wieder kräftig zugelegt. Er weht jetzt permanent mit 30 bis 35 Knoten, das entspricht einer Windstärke von 7-8 auf der Beaufortskala. In den Böen messen wir 40 Knoten. Als wir 45 Knoten (Windstärke 9) messen, wird es uns unheimlich und an Bord sehr still. Das Lachen ist verstummt. Ich blicke in ernste Gesichter. Hält das Material diese Belastungen aus? Wie lange noch, bis wieder etwas zu Bruch geht? Was wohl jedem einzelnen von uns in diesem Augenblick durch den Kopf geht.

Ganze Wellenberge kommen von achtern angelaufen. Auf deren Kämme wüten schneeweiße Schaumkronen, die sich zunehmend brechen und in das Wellental hinunterlaufen. Ein spektakulär-schöner Anblick. Jedem, der so etwas noch nie erlebt hat, ist dieses Naturschauspiel nur sehr schwer zu beschreiben. Lange Zeit haben wir keine Schiffe mehr gesehen. Stattdessen treiben Seetangfelder an uns vorbei. Sie deuten auf Landnähe hin. Auch die Zahl der uns umkreisenden Seevögel nimmt zu. Langsam, aber sicher nähern wir uns den Karibischen Inseln, von denen uns noch 300 Seemeilen trennen. Einige aus der Crew träumen schon vom frisch gezapften Bier in einer schönen Hafenkneipe. Wenn es so weiterläuft, werden wir vermutlich in der Nacht von Freitag auf Samstag auf St. Lucia sein.

Gegen 10:30 Uhr UTC genießen wir einen tollen Sonnenaufgang. Um 12:00 Uhr beginnt meine Freiwache. Doch ich habe noch Backschaft. So sind Geschirrspülen und die Vorbereitung des Abendessens angesagt. Heute soll es Bohneneintopf geben.

Unsere Position um 12:00 Uhr UTC:
Lat. 15° 08,9′ N, Lon.055° 48,5′ W

Wind und Welle lassen auch am Nachmittag nicht nach. Der Wind weht aus Nord-Ost mit der Stärke von

5 bis 6 Beaufort. Wir schätzen die Wellenhöhe auf 3 bis 4 Meter.

Die Vorbereitung der warmen Mahlzeit wird zum Abenteuer. Schüsseln werden mit den Knien gehalten. Hin und wieder rutscht alles vom Tisch. Das Kochen auf dem Herd ist kein Problem. Er ist halbkardanisch aufgehängt. Das reicht völlig aus, unsere Mahlzeit zu garen. Jedenfalls gelingt uns eine schmackhafte Bohnensuppe mit angebratener Salami, Zwiebeln, Würstchen, Kartoffeln, zwei Brühwürfeln, und allerlei Gewürzen, von denen wir an Bord noch mehr als genug haben.

Schlafdefizit, der hohe Seegang und die schlechte Luft unter Deck erfordern eine Erholung an Oberdeck. Allen anderen in der Crew geht es genauso. Nur Hermann, unser Stehauf-Männchen, ist total fit und immer gut drauf.

Als ich an Deck komme, um frische Luft zu schnappen, taucht am Horizont ein Kreuzfahrtschiff auf.

Es fährt den gleichen Kurs wie wir. Vor uns liegen jetzt noch 260 Seemeilen. Diese Distanz ist meine „Hausstrecke" rund Fünen, für die ich eine Woche benötige, wenn ich jeden Abend im Hafen sein will.

An Bord wird viel gelesen und Walkman gehört. Ich hänge meinen Gedanken nach, bin zuhause bei meiner Familie, bei guten Freunden und in Wittensee, wo es demnächst mit Hochdruck an der Fertigstellung unserer neuen Wohnung weitergeht. So geht langsam der Tag zu Ende und ehrlich gesagt, es reicht auch.

Um 18:00 Uhr löse ich Lars am Ruder ab. Die letzten 24 Stunden haben wir einen Rekord geschafft, ein Etmal von 193 Seemeilen. Nach Einnahme der warmen Mahlzeit lenzen wir noch zwei Flaschen Rotwein und geben bei unserer Schiffposition von 15° 12,0′ N und 057° 01,5′ W eine Flaschenpost auf. Vielleicht haben wir Glück und jemand findet unsere Post. Die Vorjahrescrew der „Chris" hatte dieses Glück. Deren Flaschenpost war Monate später irgendwo an Land gespült, wurde Monate später gefunden und der Crew übersandt.

Um 21:15 Uhr begebe ich mich zur Ruhe. Noch 236 Sm bis zum Ziel.

Freitag, 09. Dezember (20. Seetag).

In der Nacht fällt eine schwere Sturmböe über das Schiff. „Chris" legt sich fast auf die Seite und scheint nicht wieder hoch kommen zu wollen. Zeitgleich hämmert die See gegen die Bordwand. Sofort bin ich hellwach. Bevor ich mich aus meiner neuen Lage befreien kann, fliege ich durch meine Koje. Nur schnell raus. An Schlafen ist nicht mehr zu denken. Was ist los? Ich will nach oben. Draußen prasselt der Regen auf das Oberdeck. Schnell ziehe ich mein Ölzeug über und schiebe das Steckschott hoch. Wache III berichtet von einer unheimlichen Böe, die das Schiff ohne Vorwarnung packte und auf die Seite drückte. Vermutlich hatte uns eine für die Wache in der schwarzen Nacht nicht erkennbare Böenwalze oder ein Rollkragen erwischt. Immer noch weht der Wind heftig mit 35 – 40 Knoten.

Ich schiebe das Luk wieder zu und mache ich mir erst einmal einen starken Kaffee. Dazu gibt es 5 Stücke Zwieback. Es ist Zeit für den Wachwechsel. Um mein Hungergefühl zu unterdrücken, nehme ich mir einige Bonbons mit an Oberdeck. Dort berichten Annette, Hermann und Frank euphorisch über das gerade erlebte. Die Aus-läufer des Hurrikans „Epsilon" haben uns voll erwischt.

In unserer Wache wird es zunächst ruhiger. Der Himmel ist völlig zu, die See pechschwarz. Dennoch erkennen wir das dunkle Wolkenband, das uns diesen Wind brachte. Ich schwitze sehr in meinem Ölzeug. Es ist von innen fast genauso nass wie von außen. Der Wind legt wieder zu. Wir binden das dritte Reff ein und geben der Genua einen Schrick in die Schot. So läuft es besser. Mit 8 Knoten rauschen wir gen Westen, unserem greifbaren Ziel entgegen. Eineinhalb Stunden später reißt die Wolkendecke auf und gibt den Blick frei auf einen wunderbaren Sternenhimmel.

Vor uns liegt, auf dem Rücken liegend, die Sichel des Halbmondes. Der Atlantik spiegelt seinen starken Schein wider. Der Mond bildet direkt vor uns eine Straße, auf der wir mit schneller Fahrt vorankommen. Sie zeigt uns den Weg nach Westen. Um 06:00 Uhr geht´s in die Koje. Zunächst ist wieder nicht an Schlaf zu denken. Doch dann siegt die Müdigkeit.

Um 10:45 Uhr werden wir zum Segelmanöver gerufen. Der Wind weht permanent mit 35 Knoten und hat eine hohe See aufgebaut. Das Ganze bei strahlend blauem Himmel und intensiver Sonne. Wir bergen das Großsegel, fahren eine Halse und fieren die Genua auf, denn wir müssen unseren Kurs nach Süden hin korrigieren. In den letzten Tagen waren wir zu weit nördlich gekommen. Unser neuer Kurs ist jetzt 255°. Nachdem wieder Ruhe ins Schiff gekommen ist, begebe ich mich zu meinem Fünf-Zwieback-Frühstück. Mehr ist für jeden von uns nicht mehr drin. Bis auf Nutella, von der wir anscheinend Unmengen eingekauft haben, sind alle Frühstücksvorräte aufgebraucht. Dazu gibt es Marmelade und Leberwurst. Das dazugehörige Brot essen wir in Gedanken und zum Abschluss drei Bonbons.

Der Wind weht mal stärker, mal schwächer zwischen 27 und 35 Knoten. Nur unter gereffter Genua laufen wir 7 Knoten. Zu Mittag gibt es Milchreis mit Zimt.

Unsere Position um 12:00 Uhr UTC:
Lat. 14° 56,8´ N, Lon. 058° 54,1´ W

Was für ein herrlicher Segeltag. Blauer Himmel, Wärme, rauschende See, Kurs West, der Karibik entgegen. Die Vorfreude auf dieses Ziel steigert sich von Stunde zu Stunde. Was wird uns dort erwarten? Die ARC hat einiges auf die Beine gestellt. Wir wollen die Zeit dort genießen. Jetzt kommt es darauf an, ausgeschlafen anzukommen. Deshalb begebe ich mich zur Ruhe.

Einige Stunden Schlaf, dann hält uns nichts mehr in der Koje. Unseren Landfall haben wir für 02:00 UTC errechnet. Schon bald machen wir die Lichter der Nachbarinsel Martinique aus. Der Schiffsverkehr nimmt zu. In Kürze werden wir die Kleinen Antillen erreicht haben.

Dann erkennen wir auch schon die ersten Lichter der Insel St. Lucia, unserem Ziel. Vorsorglich setzen wir schon mal die Gastlandflagge mit den für die Karibik so typischen Farben Blau, Schwarz und Gold. Im Zentrum der Flagge sind auf blauem Feld drei Dreiecke von unterschiedlicher Größe in einem größeren Dreieck zu sehen. Der himmelblaue Hintergrund spiegelt den tropischen Himmel, und die St. Lucia umgebenden smaragdfarbenen Meere, die Karibik und den Atlantik wider. Die Farbe Gold steht für den Sonnenschein in der Karibik, Schwarz und Weiß für die kulturellen Einflüsse, wobei die schwarze Farbe dominiert. Sie steht für die Vorherrschaft der schwarzen Kultur, die mit der weißen Kultur in Einheit zusammenlebt und arbeitet. Darüber hinaus erinnert die Form der Dreiecke an die berühmten Pitons, die Wahrzeichen St. Lucias.

Wir haben es geschafft

Samstag, 10. Dezember (21. Seetag).

Die unendliche Weite des Atlantiks liegt hinter uns. Tiefe Gefühle der Freude und des Stolzes erfüllen mich. Wir haben es geschafft und fühlen uns sehr privilegiert. Wer von den Milliarden Menschen auf der Welt erreicht jemals in seinem Leben auf diesem Wege unser Ziel? Die Freude in der Crew ist groß. So wie ich denken wohl alle. Jetzt kommt es darauf an, auf den letzten Seemeilen aufmerksam zu navigieren und die richtige Ansteuerung zu finden. Radar, GPS-Kartenplotter und intensives Studium der Seekarten unterstützen uns, auf sicherem Kurs das Zielschiff zu erreichen.

Vorbei geht es an riesigen Tankern, die vor St. Lucia vor Anker liegen. Später erfahren wir, dass St. Lucia als einzige Karibikinsel über einen Tiefwasserhafen verfügt. Da in diesem jeweils nur ein Tanker dieser Größe seine kostbare Ladung löschen kann, müssen sich alle ankommenden Schiffe in die Warteschlange einreihen, bis sie zum Löschen ihrer Ladung einlaufen dürfen. Das Öl wird auf St. Lucia zwischengelagert und später auf kleinere Tanker, die alle anderen karibischen Inseln mit Öl versorgen, gepumpt. Beim Anblick dieser riesigen Tankschiffe wird uns der gigantische Ölverbrauch in der Welt deutlich vor Augen geführt.

Unser Ziel ist die im Nord-Westen der Insel gelegene Rodney Bay. Zuvor müssen wir das im Norden der Insel gelegene Cap Estate runden. Von dort aus sind es nur noch wenige Seemeilen bis zur Ziellinie unserer Rally.

Den Anweisungen der ARC folgend, niedergeschrieben in einem eigens hierfür erstellten dick-bändigen Handbuch, müssen wir bei einer bestimmten Position über Funk unsere Ankunft ankündigen. Das klappt sofort und man teilt uns mit, dass wir auf ein bestimmtes weißes Blinklicht zuhalten müssen. Es kommt von dem Zielschiff, das uns empfängt und die Uhrzeit unserer Ankunft festhält. Um Verwechselungen mit anderen Lichtern auszuschließen, werden bestimmte Signale über Funk vereinbart. Das Blinklicht kommt auch bald in Sicht und die vereinbarten Signale werden ausgetauscht und bestätigt. Für die Organisatoren der ARC ist jetzt klar, dass wir Teilnehmer der ARC-Rally sind.

Nach fast 20 Tagen mit achterlichen Winden müssen wir die letzten Kabellängen zum Zielschiff noch aufkreuzen. Ich stehe am Ruder und fühle mich geehrt, über die Ziellinie steuern zu dürfen. Ein unbeschreiblich schönes, sehr emotionales Gefühl erfasst mich, als wir um 07:52:57 UTC = 03:52:57 (Ortszeit) nach 19 Tagen, 18 Std. und 57 Min. über die Ziellinie fahren und von den anderen Schiffen mit ohrenbetäubendem Signalkonzert begrüßt werden. Ich bekomme feuchte Augen und bin dankbar, dass mein langjähriger Traum einer Atlantiküberquerung wahr geworden ist.

3.113 Seemeilen (5.765 Km) liegen hinter uns. Was ich als 63-jähriger Segler mit fast lebenslanger Seglererfahrung in diesem Moment fühle, kann nur jemand nachempfinden, der eine gleiche oder ähnliche Situation erfahren hat. Das Einlaufen in die Rodney Bay und das Festmachen im dortigen Yachtclub erleben wir fast wie in Trance.

Kaum das wir „Chris" fest gemacht haben, werden wir mit Planters Punch und einem Früchte-korb begrüßt und auf der Insel willkommen geheißen. Im Hafen herrscht eine tolle Stimmung, obwohl es tiefe Nacht ist. Von weitem hören wir lachende Menschen und flotte Raggae-Musik über das Wasser schallen.

Bevor wir das von uns lang ersehnte kühle Einlaufbier genießen können, wird die „Chris" noch aufgeklart. Dann hält uns nichts mehr an Bord. Wie auf Gummibällen laufen wir über den scheinbar schwankenden Steg. Tatsächlich sind wir es, die sich schaukelnder Weise an Land begeben. Als wir die Lokalitäten erreichen, von denen die Musik zu uns herüber schallte, müssen wir feststellen, dass wir fünf Minuten zu spät gekommen sind. Die letzten Gäste hatten diese Stätte gerade verlassen und das Personal ist dabei, alles abzuschließen. Unsere Enttäuschung ist groß. Wir diskutieren darüber, ob es sich noch lohnt, mit dem Taxi in die Stadt zu fahren. Diesen Plan verwerfen wir, weil wir dort auch nur vor verschlossenen Bars und Kneipen stehen würden. Ein Taxifahrer bietet uns an, Bier zu besorgen. Die Frage nach dem Preis lässt unseren Durst kleiner werden. So entscheiden wir uns erst einmal für die Dusche, was zu dieser Nachtzeit den Vorteil hat, dort viel Platz vorzufinden.

Auf dem Rückweg zur „Chris" sehen wir einen Bäcker, der sein Geschäft gerade aufschließt. Bei ihm schauen wir rein und sehen dort im Kühlregal kaltes Bier stehen. Wir entschließen uns, bei ihm zu frühstücken. Er will uns das Frühstück jedoch nicht vor 07:00 Uhr servieren, stellt uns aber schon mal einige Bierchen vor die Ladentür. Was für ein Genuss. Bevor wir an Bord zurückkehren, frühstücken wir noch bei ihm.

St. Lucia – Living in Paradise

In den ersten Tag mit festem Boden unter den Füßen müssen wir uns erst gewöhnen. Nach kurzem Schlaf geht´s zu einem ausgiebigen zweiten Frühstück an Land. Im Yachtclub genehmigen wir uns einige kühle Bierchen. Auf diese haben wir uns so lange gefreut.

Heute wollen wir uns die Insel anschauen. Ein Immobilienhai bietet eine kostenlose Rundfahrt an. Er will seine teuren Objekte unter die Leute bringen. Mit einer freundlichen Hostess fahren wir von unserer, in der Rodney Bay gelegenen Marina aus in südlicher Richtung die Westküste entlang. Die Fahrt dorthin vermittelt uns einen ersten Eindruck von der Schönheit dieser Insel. Uns erwarten romantische Buchten am türkisfarbenen Meer.

St. Lucia gilt als die „Romantik Hauptstadt der Karibik". Ihre unverwechselbaren Wahrzeichen sind die beiden Vulkankegel der Pitons. Wie zwei Zuckerhüte ragen die Zwillingsgipfel Petit und Gros Pitons mehr als 700 Meter aus dem Meer. Wir kommen durch die Hauptstadt Castries und erreichen schließlich Hurricane Hole an der Marigot Bay, wie das schöne Fleckchen Erde hier heißt. Hier ist man dabei, neue Immobilien zu schaffen und alles zuzubauen. Ein Jammer, wenn man sich die schöne Natur ansieht. Eine kleine Fähre fährt uns auf die andere Seite dieser kleinen Bucht, vor der sehr eindrucksvoll das größte

Segelschiff der Welt, der 135 Meter lange, nach den Plänen und Rissen der „Preußen" gebaute Fünfmaster „Royal Clipper" vor Anker liegt. Später erfahren wir, dass hier gerade einige Szenen der Fernsehserie „Unter weißen Segeln" gedreht wurden.

Uns beeindrucken das kristallklare Wasser und die palmengesäumten Strände. Im Marigot Beach Club gibt es einige kühle Drinks gratis. Dann geht es zurück an das andere Ufer und weiter zur Besichtigung der Rumfabrik St. „Lucia Distillers Limited", wo uns der „Bounty"-Rum den Rest gibt. In der Hitze werden verschiedene Rumsorten probiert und in unsere Runde wird es immer lustiger und alberner. Das sind gute Startvoraussetzungen für die Party am Abend, von der wir uns mehr versprechen, als geboten wird.

Zurück in der Marina wird noch das eine und andere Bierchen getrunken. Dabei lassen wir die Erlebnisse der letzten Wochen und des heutigen Tages Revue passieren. Es ist unglaublich, wieviel wir uns zu erzählen haben, obwohl wir drei Wochen lang nur Himmel und Wasser sahen.

Fritz und Annette machen dies alles nicht mit, wofür ich Verständnis habe. Fritz braucht die Erholung. Die letzten Seetage waren für uns alle sehr hart und für ihn besonders anstrengend. Seit der ersten Meldung über „Epsilon" hatte er nicht mehr richtig geschlafen. In unmittelbarer Nähe zum Niedergang kauerte er sich in eine Ecke des Salons und machte dort seine

Nickerchen. Tiefschlaf war in dieser Position nicht möglich. Er wollte bereit sein, bei Gefahr schnell an Oberdeck springen zu können. Seine Koje hatte er während dieser Zeit nicht gesehen. Ich hielt das für übertrieben, denn er hat eine wirklich gute Crew an Bord, die das Schiff auch ohne seine Nähe gut geführt hat. Aber so ist das nun mal. Wenn man in der Verantwortung steht, sieht einiges anders aus. Wir haben großen Respekt vor dieser Leistung und beschließen, uns bei Fritz mit einer Einladung zum Essen zu bedanken.

Jetzt geht es aber erst einmal für eine Stunde in die Koje. Für 19:00 Uhr haben wir in einem uns empfohlenen Restaurant einen Tisch bestellt. Die Crew ist jetzt vollzählig.

Wir danken Fritz für die sichere Überfahrt und genießen den Red Snapper, der uns zusammen mit einem guten Tröpfchen Wein serviert wird. Das Essen ist sehr gut, aber nach unserer Auffassung viel zu teuer.

Danach geht´s zurück in die Marina. Dort herrscht eine Superstimmung und wir kommen erst um 02:15 Uhr in die Kojen.

Sonntag, 11. Dezember

Um 07:20 Uhr ist Wecken. Lars muss als erster zurück nach Deutschland. Nach dem letzten gemeinsamen Frühstück an Land verabschieden wir ihn am

Taxi. Ich sage: „Danke Lars – Wache I hat gut funktioniert und harmoniert".

Nach dieser Verabschiedung ist für uns Frühschoppen bei Reggae Musik angesagt. Da schmeckt das Bier nochmal so gut. Wir müssen aufpassen, hier nicht zu versacken und starten mit einem Kleinbus von „Frank´s Tours" zu einer zweiten Inselrundfahrt.

St. Lucia ist eine wilde Schönheit, die aufgrund ihrer landschaftlichen Vielfalt und ihrer üppigen Vegetation auch die „schöne Helena des Westens" genannt wird. Wir bekommen interessante Dörfer, eine reichhaltige Flora zu sehen und genießen von verschiedenen Aussichtspunkten superschöne Aussichten über die Insel, ihre Buchten und auf die Pitons.

Wir wollen in einen der beiden Nationalparks. St. Lucia ist vulkanischen Ursprungs, wo es noch heute im Untergrund brodelt. Unser erstes Ziel sind die 170 Grad heißen Schwefelquellen des einzigen Drive-in-Kraters der Karibik. Deren unverwechselbarer Geruch schlägt uns schon weitem entgegen. Bei den Quellen herrscht reger Betrieb, denn hunderte von Passagieren eines in der Hauptstadt Castries liegenden Kreuzfahrtschiffes haben die gleiche Idee. Viele nutzen die Gelegenheit zu einem Bad in einer der warmen Mineralbäder. Wir ziehen es vor, uns zu einer abgelegenen Ecke des Nationalparks zu begeben. So viel Menschen sind wir nach unserer dreiwöchigen Zeit auf dem Atlantik gar nicht mehr gewohnt und wir flüchten in den „Urwald". Es ist einer von zwei auf dieser Insel eingerichteten Nationalparks, in dem der „Toraille Waterfall" ca. 30 Meter in die Tiefe stürzt und einen kleinen See mit Wasser füllt.

Hier ist es wirklich sehr urig. Tarzan könnte jede Minute an einer Liane schwingend zu uns herüberschweben. Jane wäre uns zwar lieber, aber die badet schon in dem kleinen See unterhalb des Wasserfalls. Ihr machen wir es nach, genießen das schöne Naturereignis und fühlen uns wie im Paradies. Unterwegs kehren wir noch zum Mittagessen ein und nehmen noch einige Drinks zu uns.

Zurück in der Marina schauen wir uns das Programm für die Abendveranstaltungen an. Auf der Halbinsel Pigeon Island soll heute Mighty Sparrow, ein in der Karibik sehr bekannter Star der Raggaeszene, auftreten. Das wollen wir uns nicht entgehen lassen und strömen zusammen mit hunderten anderen Besuchern auf diese Halbinsel.

Anfänglich verläuft diese Veranstaltung noch relativ ruhig aber je später es wird, umso so höher schlägt die Begeisterung unter den überwiegend dunkelhäutigen Zuschauern. Der siebzigjährige Mighty Sparrow und seine Band verstehen es, das Publikum für sich zu begeistern. Es sind Vollprofis und Mighty ein talentierter Entertainer. Es wird getanzt und sich im Raggae-Rhythmus bewegt. Wir lassen uns von den karibischen Klängen anstecken und mitreißen.

Nach unserer Rückkehr geht es noch zum Absacker in die Bar der Marina. Es ist unser letzter Abend auf dieser wunderschönen Insel. Bevor es in die Koje geht, werden von uns an Bord um 01:30 Uhr noch einige Ansichtskarten an die Daheimgeblieben geschrieben.

Überfahrt nach Martinique

Sontag, 12. Dezember.

D er letzte Tag unseres „Kurzurlaubs" im Para- dies ist angebrochen. Um 06:00 Uhr kriechen wir aus unseren Kojen. Wir sind sehr früh dran und das hat den Vorteil, an Land noch leere Toi- letten und Duschräume vorzufinden.

In aller Ruhe wird um 07:00 Uhr an Land ausgiebig gefrühstückt. Danach wird die „Chris" seeklar ge- macht für die Überfahrt nach Martinique.

Um 09:15 Uhr heißt es „Leinen los" Ca. 30 Seemeilen liegen vor uns, ein Katzensprung. So relativieren sich die Entfernungen. Unter Maschine laufen wir lang- sam aus der Rodney Bay aus. Erst jetzt sehen wir die ganze Schönheit dieser geschützten Bucht. In der Nacht unserer Ankunft konnten wir uns beim Einlau- fen nur an den beleuchteten Fahrwassertonnen ori- entieren.

Am Ufer sind wunderschöne Villen zu sehen und an einem Schiffsanleger liegen die Requisiten des Films „Fluch der Karibik", zwei alte Segelschiffe, auf denen der Film gedreht wurde.

St. Lucia – Ahoi! Vielleicht kommen wir ja mal als Ur- lauber und mit mehr Zeit im Gepäck wieder?

Das Segelmanöver klappt wie am Schnürchen und in schneller Fahrt segeln wir über den St. Lucia Channel der Insel Martinique entgegen. Hier frischt der Wind mächtig auf. Ist es die typische Düse, die wir hier zu spüren bekommen? Das kann nicht sein, denn der Abstand zwischen beiden Inseln ist zu groß. Bevor der Wind die Stärke 6, in Böen 7 und mehr erreicht, wird gerefft. Wir nehmen viel Wasser über und müssen ein letztes Mal ins Ölzeug.

Es wird eine schnelle Überfahrt. Das ist auch gut so, denn wir freuen uns auf Martinique, eine Insel der französischen Antillen, auch französisch-Westindien genannt. Sowie St. Lucia, gehört auch Martinique zum südlichen Teil der Kleinen Antillen. Bevor wir uns der Insel nähern, wird die Gastlandflagge von St. Lucia gegen die französische Trikolore ausgetauscht.

Wie steuern Le Marin an, einer der größten und beliebtesten Häfen in der Karibik. Er liegt am Ende der tief eingeschnittenen Bucht Cul De Sac Marin, die wegen ihrer vielen Sandbänke und Flachwasser sehr schwer zu befahren ist. Wir müssen aufpassen, dass wir uns im Fahrwasser in der Mitte der Bucht halten und keine Abkürzung nehmen.

Der Hafen besitzt eine große Marina. Dennoch scheint er überfüllt zu sein. Zunächst steuern wir die dortige Tankstelle an und bitten anschließend über Funk im Hafenbüro des Club Nautique du Marin um Zuweisung eines Liegeplatzes. Man bittet uns um

Geduld und rät uns, zunächst im Bojenfeld vor Anker zu gehen. Man will sich über Funk wieder melden. So suchen wir uns eine freie Boje, reihen uns ein in das Feld der dort schon festgemachten Yachten und harren der Dinge die da kommen sollen.

In weiser Voraussicht wassern wir schon mal unser Schlauchboot und überbrücken mit Hilfe einiger kühler Drinks die Wartezeit. Dazu hören wir laute Raggae-Musik von unseren auf St. Lucia gekauften CDs. Die Wirkung bleibt nicht lange aus. An Bord geht es jetzt viel entspannter zu. Lothar zeigt uns einige interessante Tricks, z.B. den wie er mit Hilfe eines Kugelschreibers einen Zollstock über einem Wasserglas schweben lässt. Bald macht sich bei uns an Bord Party-Stimmung breit. Wir werden immer übermütiger, bis Fritz der Geduldskragen platzt und uns zur Ruhe mahnt.

Lange Zeit passiert nichts. Irgendjemand aus der Crew ist der Auffassung, dass dies auch so bleiben wird, solange wir selbst nicht aktiv werden. Damit meint er, dass es hier in der Karibik nicht unüblich, ja sogar erforderlich ist, seiner Forderung dadurch Nachdruck zu verleihen, dass man dieser den nötigen Schwung gibt. Schwung erreicht man durch Reduzierung von Reibung und diese wiederum durch Schmierung. Jetzt ist auch dem letzten an Bord klar, dass wir aktiv werden müssen.

Mit dem Schlauchboot geht es zu Philipp, dem Hafen-
meister. Und tatsächlich, es dauert keine 20 Minuten,
da wird uns ein schöner Liegeplatz am Steg der Marina zugewiesen. Geht doch!

Philipp ist Franzose. Er kommt aus Paris und hatte
dort einige Semester zusammen mit Daniel Cohn-
Bendit, dem damaligen prominenten Sprecher der
Studentenbewegung in Paris, studiert. Es war die Zeit
der Revolte, als die Studenten dort auf die Straße gin-
gen. Für Cohn-Bendit endete sie mit einer Auswei-
sung aus Frankreich. Philipp stieg irgendwann später
dort aus seinem spießigen Dasein aus, wie er sagte,
um hier in der Karibik ein ganz anderes Leben zu führen. Für ihn ist Martinique der schönste Platz der
Welt, zugehörig zu Europa, dennoch weniger Stress
und immer warm und grün. Eine friedliche Insel, auf
der es sich leben lässt. Philipps Haupteinnahmequel-
len sind offensichtlich nicht nur die Wahrnehmung
der Aufgaben eines Hafenmeisters, sondern auch das
Anbieten von Gefälligkeiten, wie das Chauffieren von
Gästen vom Hafen in die City und eben diese Aktivi-
täten zur Reduzierung von Reibung.

Heute ist es spät geworden. Zu lange haben wir vor
Anker gelegen. Wir müssen uns sputen, um an Land
noch ein offenes Restaurant zu finden und unseren
Wunsch nach einem Abschiedsessen zu erfüllen.

Jetzt geht alles sehr schnell. Mit dem Schlauchboot wird eine lange Leine ausgebracht und am Poller des uns zugewiesen Liegeplatzes am Steg festgemacht. An ihm verholen wir uns dorthin und klarieren das Schiff. Dann geht es zum Abendessen an Land.

Zuvor erkundigen wir uns beim dortigen Tourismusbüro nach Busverbindungen zum Airport, Service-Taxis und Restaurants. Philipp hat unser Vorhaben schnell erkannt und steht uns mit Rat und Tat zur Seite. Trotz seiner Geschäftstüchtigkeit ist er ein sehr netter Typ, sehr aufgeschlossen und hilfsbereit. Mir bietet er an, mich morgen mit seinem Privatwagen zum Airport zu fahren, was ich dankend annehme. Ich bin nach Lars der Zweite, der von Bord geht. Wir laden Philipp noch zum Einlaufbier ein und er erzählt uns, dass er Mighty Sparrow persönlich kennt.

Jetzt wird es Zeit zum Abendessen in der „Sansibar". Es zieht sich hin. Wir essen viel zu viel und es wird spät. Nach dem Essen sind alle Bars geschlossen. So gönnen wir uns an Bord noch einen spanischen Brandy als Schlummertrunk, bevor es uns um 01:30 Uhr in die Kojen zieht.

Abschied und Heimkehr

Dienstag, 13. Dezember.

Um 06:00 Uhr ist Wecken. Heute heißt es Abschied nehmen von einer Crew, die sich nach unserer übereinstimmenden Auffassung zu einer Bordgemeinschaft zusammengeschweißt hat, wie es sie keiner von uns bisher so erlebt hat. Seit unserer Einschiffung in Las Palmas lebten wir fast vier Wochen lang spannungsfrei auf engstem Raum zusammen und hatten immer Spaß. Das will schon was heißen und soll von anderen Crews erst einmal nachgemacht werden.

Jetzt wollen wir an Land noch ein letztes Mal gemeinsam frühstücken, bevor jeder von uns seines Weges geht. Einige aus der Crew bleiben noch ein oder zwei Tage auf Martinique und schauen sich die Insel an. Lars ist schon in Deutschland und ich hoffe, am Schalter der „caribbean-airlines" meine Flugtickets nach St. Martin vorzufinden.

Meine Reistaschen sind gepackt und Lothar bietet mir an, mich mit unserem kleinen Schlauchboot über die Bucht der Marina zum anderen Ufer überzusetzen. Damit erspare ich mir eine große Wegstrecke zum Bistro, wo sich die Crew einige Zeit später bei guter Musik zum Frühstück einfindet.

Um 09:20 Uhr wartet Philipp beim daneben liegenden Hafenmeisterbüro auf mich, um mich zum Airport zu chauffieren. Ein letztes Mal winke ich der
Crew zu, dann bin ich fort und zügig geht es zum Airport.

Auf der Fahrt dorthin erzählt mir Philipp noch viel
über seine Trauminsel. Die Verständigung auf Englisch klappt ganz gut und ich bin erstaunt, wieviel von
meinem doch recht verstaubten Schulenglisch noch
hängen geblieben ist.

Frühzeitig erreiche ich den Schalter meiner kleinen
Fluggesellschaft, zu dem mich Philipp noch begleitet,
um mich als Dolmetscher beim Ein-checken zu unterstützen. Tatsächlich warten dort meine Tickets auch
schon auf ihre Abholung. Dann verabschiede ich mich
von Philipp mit dem Gefühl, einen neuen Freund ge-
wonnen zu haben.

Ein zweimotoriger Insel Hopper bringt mich über Guadeloupe, wo ich in eine andere Maschine um-steigen
muss, auf die Insel St. Martin. Beide Inseln liegen im
nördlichen Teil der Kleinen Antillen, den Leeward Is-
lands. Auch sie gehören zu den „Inseln über dem
Winde".

Ich lande auf dem nördlichen, größeren Teil der
knapp 92 Quadratkilometer großen Insel, dem französischen collectivitē d` outre-mer Saint-Martin und

überlege, wo ich heute wohl übernachten soll. Schließlich entscheide ich mich für ein Hotel am Atlantik. Den geplanten Rundgang durch den Ort erspare ich mir. Dafür bin ich einfach zu müde. Ich habe nur noch einen Wunsch – ausschlafen. Der Atlantiktörn und die Partys der letzten Tage sitzen mir noch in den Knochen. An diesem Abend bin ich früh im Bett, denn ich will meinen Transatlantikflug nach Hause ausgeruht antreten.

Mittwoch, 14. Dezember.

Ausgeschlafen begebe ich mich zum Frühstück auf die Hotelterrasse und fühle mich wie im Paradies. Alles hier grünt und blüht. Der Himmel ist tiefblau. Es ist warm und ein angenehm leichter Wind weht vom Atlantik herüber. Hier könnte ich noch einige Zeit bleiben, aber ich muss heute mit dem Taxi zum „Princess Juliana International Airport" und der liegt im Königreich der Niederlande auf dem südlichen Teil dieser Insel, dem autonomen Land Sint Maarten.

Die Insel St. Martin, zusammengefasst als „St-Martin / St. Maarten" ist eine der kleinsten Inseln, die zwei Staaten gehört. Der Hauptort des französischen Gebietes heißt Marigot, der des niederländischen Teils Philipsburg.

Der Rückflug nach Europa erfolgt um 17:20 Uhr nach Osten gegen die Zeit. So bricht die Nacht schneller als gewöhnlich herein. In der Air France Maschine ist es sehr kalt. Die meisten Passagiere beschweren sich. Offensichtlich funktioniert die Klimaanlage nicht richtig. Die Stewardessen schleppen Wolldecken herbei. Ich selbst bin gut dran, denn ich habe meinen dicken Fleece Pullover und meine gefütterte Seglerjacke im Gepäckfach über mir. Warm eingepackt schlafe ich schnell ein.

Donnerstag, 15. Dezember.

Am frühen Morgen um 06:30 Uhr Ortszeit landet die Maschine verspätet auf dem Pariser Flughafen Charles de Gaulle. Für das Umsteigen in die Maschine nach Frankfurt bleiben mir weniger als 20 Minuten. Ich muss mich beeilen, um zum Abfertigungsschalter zu kommen. Bis dahin sind noch viele lange Wege zurückzulegen und die Zeit wird knapp. Dieser Teil des Airports ist zu dieser Zeit noch menschenleer. Erst kurz vor dem Schalter nach Frankfurt sehe ich einige geschäftsmäßig gekleidete Männer, die offensichtlich das gleiche Ziel haben.

Pünktlich landet die Maschine in der Mainmetropole. Ohne lange zu überlegen, fahre ich vom Flughafen mit der Bahn zum Hauptbahnhof. Von dort will ich weiter nach Bonn.

Pustekuchen, der Frankfurter Hauptbahnhof ist ein Sackbahnhof und ich bin in einer Sackgasse gelandet. Also geht es wieder die ganze Strecke zurück.

Es ist Rushhour, Hauptverkehrszeit und mit mir fahren viele Mitreisende zur Arbeit. Entsprechend ist die Stimmung. Ich schaue nur in lange, traurige Gesichter. Draußen ist es saukalt und der Himmel grau. Was für ein krasser Gegensatz zur Karibik, wo ich nur fröhlichen, meist singenden Menschen begegnet bin und die Leichtigkeit des dortigen Lebens spürte.

Auf der Fahrt nach Bonn ziehen die letzten vier Wochen an mir vorbei. Seltsamerweise haben sich die an Bord gewonnenen Eindrücke zwischenzeitlich soweit komprimiert, dass ich vor meinen geistigen Augen nur noch den Atlantik, den Himmel und den Rudergänger sehe. Alle anderen Bilder werden unterdrückt. War was?

Zum Glück habe ich meine tagebuchähnlichen Aufzeichnungen dabei. Ich muss meine Erlebnisse und Eindrücke zu Papier bringen und einen Reisebericht schreiben. Es wäre zu schade, wenn die Erlebnisse auf dem Atlantik und die wunderbaren Bilder und Eindrücke verloren gehen würden. Vielleicht wird auch ein Buch daraus. Aber wer – außer vielleicht der Crew - wird sich dafür schon interessieren?

Törn-Statistik

Passieren der Ziellinie

St. Lucia am Samstag: 10.12.2005

Ankunft nach Ortszeit: 03:52:57 Uhr

Ankunft nach UTC: 07:52:57 Uhr

Zeit in See: 19 T. 18 Std. 57 M

Seemeilen insgesamt: 3.149 (5.832 Km)
(einschließlich der 32 Sm
von St. Lucia nach Martinique)

hiervon:
unter Segel: 2.596 Sm

unter Motor: 516 Sm (85,5 Std.)

ARC-Seemeilen (nur Rally):   3.113 Sm

Platzierung in unserer Klasse: Platz 93 von 223

Gemessene Maximalwerte:

Windgeschwindigkeit/ Böe: 47 Kn
(Windstärke 9 = 41-47 Kn)

Speed in der Welle: 13,6 Kn

Wellenhöhe: 5 Meter
Etmal: 193 Seemeilen

In einer Wache (3 Std.)
zurückgelegte Distanz: 25 Seemeilen

höchste Wassertemperatur: 29,6 °

Südlichster Punkt: 13° 57,8′ N,   043° 49,8′ W

Fachbegriffe aus der Seefahrt *)

Abbacken
Die →*Back* nach dem Essen abräumen, das Backge-
schirr reinigen und einräumen. Arbeit für den
→*Backschafter.*

abdrehen
In einer unklaren Situation den →*Kurs* ändern, um
sich zum Beispiel von einem Hindernis freizuhalten.

Abdrift, die (auch: Abtrift)
Die durch den Wind verursachte seitliche Bewegung
eines Bootes nach →*Lee.*

abfallen
Den →*Kurs* nach →*Lee* ändern. Dabei muss die Segelstellung durch →*Fieren* der →*Schoten* so
geändert werden, dass die Segel nach der Kursänderung wieder richtig stehen.

Ablenkung, die (Deviation)
Ein →*Magnetkompass* wird durch Eisenteile wie
Motor, Anker o.ä. in seiner Nähe sowie durch den Ei-
genmagnetismus des Bootes von der erdmagnetischen Nordrichtung abgelenkt, so dass er eine
eigene Nordrichtung (Kompassnord) anzeigt.
Als Ablenkung oder →*Deviation* wird der Winkel
zwischen diesen beiden Nordrichtungen bezeichnet.

Ablenkungstafel, die
Eine →*Deviationstabelle*, in die man mit dem gesteuerten →*Kompasskurs* geht, um die Werte der

→*Ablenkung* für die →*Kursverwandlung* auf den →*missweisenden Kurs* zu erhalten.

Achterkabine, Achterkajüte, die
Bei Booten mit mehreren Wohnräumen die im →*Achterschiff*, hinter einer Mittelplicht liegende →*Kajüte.*

achteraus
Alles was sich hinter einem Boot befindet

achteraus gehen
Rückwärts oder über den →*Achtersteven* fahren

achterlich
Eine Richtungsbezeichnung für den →*achteren* Sektor, der von →querab auf der einen über das Heck bis querab auf der anderen Seite eines Bootes reicht.

Achterliek, das
Die hintere Kante eines Segels.

achtern
Alles was sich hinten im oder auf einem Schiff befindet.

Achterschiff, das
Der Teil eines Schiffes oder Bootes, der →*achtern*, d.h. hinter →*mittschiffs* liegt.

Achterstag, das Ein →*Stag*, das einen →*hochgetakelten* Mast gegen Belastungen von →*achtern* sichert. Es verläuft vom →*Topp* des Mastes zu einem

→*Pütting* am →*Heck*.

Achterstagspanner (- strecker), der
Eine Vorrichtung zum Spannen des →*Achterstags*
und damit zum →*Trimmen* des →*Riggs*.

Achtersteven, der
Der →*achtern* abschließende Bauteil des Bootes.

Amwindkurs, der
Der entweder auf →*Backbordbug* oder →*Steuerbord-
bug* bestmöglich in Richtung des →*atmosphärischen
Windes* gesegelte →*Kurs*, auf dem jedes Segel bei
→*optimalem Anstellwinkel* noch gut vollsteht und
die →*Schoten* ganz dicht geholt sind.

am Wind segeln, beim Wind segeln →Amwind-
kurs

anliegen
Einen bestimmten →*Kurs* am →*Kompass* einhalten
oder auf ein sichtbares Ziel auf geradem Weg
zuhalten.

anluven
Kursänderung nach →*Luv*, bei der der →*Bordwind*
→*vorlicher einfällt* und die →*Schoten* dichtgeholt
werden müssen.

anschäkeln
Ausrüstungsteile miteinander durch →*Schäkel*
verbinden, z.B. ein →*Fall* mit dem Segel, die
Ankertrosse mit dem Anker.

anschlagen
Ein Segel an einer →*Spiere* befestigen. Z.B. gehört
zum A. des →*Großsegels* am →*Großbaum* das
Einziehen des →*Unterlieks* in die →*Keep* und
die richtige Befestigung von →*Hals* und →*Schothorn*.

anstecken Eine →*Leine* mit einem anderen →*Ende*
oder mit einem Gegenstand z.B. durch einen →*Stek*
seemännisch richtig verbinden.

Astronomische Navigation, die →*Schiffsortbestimmung* außer Landsicht nach der
Stellung der Gestirne mit Hilfe von →*Sextanten*,
→*Nautischen Tafeln*, →*Chronometer* und anderen
Hilfsmitteln im Gegensatz zur →*Satellitennavigation*
und →*Funknavigation* auf der freien See oder →*terristischen Navigation* in Landsicht.

atmosphärischer Wind, **der**
Die nach Richtung und Geschwindigkeit auf einen
ortsfesten Punkt bezogene natürliche Luftbewegung
in der Atmosphäre.

aufbacken
Den Esstisch decken und die Speisen auf die →*Back*
bringen.
auffieren
Einer → *Leine* mehr → *Lose* geben, d.h. der
(waagerechten) Zugkraft nachgeben. Man fiert
z. B. die → *Schoten* auf.

aufklaren

1. Aufräumen, in Ordnung bringen, einen Arbeitsbereich wieder →*klarmachen.* 2. Es „klart auf", wenn die Bewölkung abnimmt.

aufkreuzen

Das →*Kreuzen* zu einem Ziel auf einer bestimmten →*Kreuzstrecke* durch wechselnde →*Amwindkurse.*

Auge, das

hier: Eine einfache Tauwerkschlinge als Ausgangslage vieler Knoten oder Teil eines Augbolzens oder Augbügels.

ausbaumen

Die auf →*Vorwindkurs* durch das →*Großsegel* abgedeckte →*Fock* auf die gegenüberliegende freie →*Luvseite* holen und hier entweder mit dem →*Spinnakerbaum* oder dem →*Bootshaken* weit heraushalten (siehe →*Schmetterlingssegel*)

Außenhaut, die

Bordwand des Schiffes

Back, die

1. Aufbau auf dem →*Vorschiff*, der von einer Bordwand zur anderen reicht und dessen Deck das →*Backdeck* ist.
2. Der (zusammenklappbare) Esstisch, auf dem der →*Backschafter* zu den Mahlzeiten →*aufbacken muss.*
3. Die große Essschüssel, in der früher die Seeleute einer →*Backschaft* ihre Speisen aus der →*Kombüse* holen mussten.

Backbord, das
Links an Bord und links außerhalb vom Boot,
von →*achtern* nach →*vorn* gesehen.
Bei seemännischen Ausrüstungsteilen spricht man
z. B. vom Backbordanker, Backbordkoje oder
Backbordlaterne.

Backbordbug, der
Bezeichnung für den →*Kurs* eines Bootes unter
Segeln zum Wind. Man segelt über (oder auf)
Backbordbug, wenn die Segel über die →*Backbord-*
seite stehen und mit →*Backbordschoten*
geführt werden. Der →*Bordwind* fällt dann von der
entgegengesetzten →*Steuerbordseite* ein.

Backbordschoten, die Bezeichnung für
den →*Kurs zum Wind*, wenn man die →*Schoten* über
die →*Backbordseite* führt und ein Boot über →*Back-*
bordbug segelt.

Backbordseite, die
In Fahrtrichtung gesehen die linke Bordseite.
Die gegenüberliegende Seite heißt →*Steuerbordseite*.

Backdeck, das
Das Deck der →*Back*, das durch die →*Decksbucht*
zum besseren Ablauf des übergekommenen Spritz-
wassers meistens rund gebaut ist.

backen und banken
Marine-Kommando für die Einnahme des
Mittagessens.

Backschaft, die
Essgemeinschaft an Bord von Segelschiffen oder Marinefahrzeugen.

Backschafter, der
Mitglied einer →*Backschaft*, der das Essen aus der →*Kombüse* holt und sowohl für das →*Aufbacken* wie →*Abbacken* verantwortlich ist.

Baum, der
1. Ein längsschiffs fest angebrachtes Rundholz (z.B. der Klüverbaum) oder eine nur einseitig befestigte und schwenkbare →*Spiere* (z.B. ein Ladebaum).
2. Auf →*Jollen* und →*Yachten* eine einseitig befestigte, bewegliche Spiere, an der das →*Unterliek* eines Segels →*angeschlagen* ist. (z.B. →*Großbaum*, Besanbaum, →*Spinnakerbaum* u.a.

Baumliek, das
→ *Unterliek* mit Verbindung zum → *Baum*

Baumnock, die
→*Nock*

beim Wind segeln, am Wind segeln →*Amwindkurs*

Beisegel, das
Ein Segel, das nicht zu den Hauptsegeln oder Arbeitssegeln gehört

bergen
1. Ein →*gefiertes Segel* zusammennehmen und durch →*Zeisinge* sichern.
2. Einen im Wasser treibenden Gegenstand an Bord nehmen.
3. Einen Menschen nach einem Mann-über-Bord-Manöver wieder an Deck holen.
4. Ein festgekommenes oder →*havariertes Fahrzeug* wieder flottmachen.

Berichtigung, die
→*Beschickung*

Besatzung, die
Die Personen, die zur →*Crew* gehören.

Beschickung, die
Das Anbringen einer notwendigen Berichtigung, um einen abgelesenen, beobachteten oder gemessenen Wert von seinen (bekannten) Fehlern zu befreien. Eine B. ist z.B. die →*Kursberichtigung* durch Anbringen von →*Missweisung*, →*Deviation* und →*Abdrift*. In der →*astronomischen Navigation* muss z. B. der gemessene Höhenwinkel eines Gestirns „beschickt" werden.

Besteck, das
Der nach →*geographischer Länge* und →*Breite* festgehaltene →*Schiffsort*. Man gewinnt ein →*gegisstes* B. entweder durch Besteckrechnung oder durch →*Koppeln* mit dem →*rechtweisenden Kurs* und der zurückgelegten Distanz unter Berücksichtigung einer möglichen →*Besteckversetzung* durch →*Strom*

und Windeinflüsse (→*Abdrift*).
Das wahre oder beobachtete B. erhält man durch
→*Peilungen* und Abstandsbestimmungen von Land-
marken und Seezeichen (terristisches B.), durch
Funkpeilungen oder durch Gestirnshöhen und Rech-
nungen (astronomisches B.)

Besteckversetzung, die
Die in einer bestimmten Zeit, in einer Richtung und
mit ihrer Distanz ermittelte Versetzung eines Bootes, die sich aus dem Unterschied zwischen dem
→*gegissten* und dem →*wahren* oder beobachteten
→*Besteck* ergib. Die B. wird in →*rechtweisender
Richtung* vom →*Koppelort* zum *wahren Ort* in →*Seemeilen* angegeben.

Bilge, die
Als B. wird der unterste Raum auf einem Schiff
bezeichnet, der direkt oberhalb der Schiffsplanken
oder oberhalb des Kiels liegt.

Blase, die
In der Seglerszene umgangssprachliche Bezeichnung für einen →*Spinnaker* oder einem ihn ähnli-
chen großen →*Vorsegel*.

Block, der
Gehäuse unterschiedlicher Form und Größe aus
Holz, Metall oder Kunststoff mit Rollen oder
Scheiben zur Führung von →*Tauwerk*.

Böenwalze, die

Böenwalze und Rollkragen bezeichnet man in der Meteorologie zwei unterschiedliche Wolkenformationen vom Typ Arcus, die im Zusammenhang mit Böenfronten auftreten.

Bootshaken, der

Stange oder →*Spiere* aus Holz oder Leichtmetall mit einem hakenförmigen Beschlag als Hilfe beim Absetzen, Verholen, Bergen oder Aufpicken von Gegenständen

Bord, der

Der Bootsrand, im übertragenen Sinne auch der oberste Teil der Bordwand, in zahlreichen Wortverbindungen:
1. →*Steuerbord* und →*Backbord*.
2. binnenbords und außenbords.
3. An B. von B. und über B. gehen.
4. Setzbord, Waschbord und Dollbord als Bauteile und
5. Freibord als Höhe des B. über der Wasserlinie.

Bordwind, der

Die an →*Bord* und in →*Fahrt* erkennbare →*Windrichtung*, die der →*Verklicker* oder →*Stander* anzeigt. Der B. wird auch scheinbarer Wind genannt. Im Gegensatz zum →*atmosphärischen Wind* auf den umgebenden Wasserflächen und an Land ändert der B. durch die Fahrt des Bootes bzw. den Fahrtwind seine Richtung und Geschwindigkeit auf dem →*Kurs* eines Bootes zum Wind.

Breite, die (Latitude (Lat.)

In der →*Navigation* eine geographische Koordinate, die in Graden und Minuten angegeben, vom Äquator als Bogenstück des Ortsmeridians gerechnet wird und zur Bestimmung des Schiffsortes dient. **„In den Breiten………."** umgangssprachlich: geografische Bezeichnung für ein räumlich abgegrenztes Gebiet auf der Erdoberfläche..

Brücke, die

In der Schifffahrt eine Kurzform für „Kommando-brücke", die ursprünglich nur ein verbindender, von Stützen getragener und von →*Backbord* nach →*Steuerbord* reichender Gang war.

Brückenwache, die

Zur →*Wache* (zum Dienst) auf der →*Brücke* eingeteilte, nautisch geschulte Angehörige einer Schiffsbesatzung.

Bucht, die (bei Tauwerk)

Ein Ring, z.B. einer „in Buchten" aufgeschossenen Leine

Bug, der

Das vordere, weitgehend spitz zulaufende Ende ei-nes Bootes. B. ist nicht als Bauteil sondern sowohl horizontal wie vertikal als vorderster Bereich des Vorschiffes anzusehen.

Bullenstander, der
Auf →*Vorwindkursen* von der →*Nock* des →*Großbaumes* zu einem Beschlag auf dem →*Vorschiff* einfach geschorene kräftige Leine. Sie soll das unbeabsichtigte Übergehen des Segels beim →*Schralen* des Windes, →*Gieren* des Bootes oder einem Fehler des →*Rudergängers* sichern. Um die Vorrichtung auch bei Belastung in ihrer Länge zu verändern, wird eine →*Bullentalje* mit dem B. verbunden.

Bullentalje, die
Eine →*Talje* zwischen →*Bullenstander* und →*Vordeck*

Bunkerung, die (das Bunkern)
Als B. wird in der Schifffahrt die Übernahme von Brennstoffen (z.B. Kohle oder Schweröl) für den Schiffsantrieb und die Einlagerung von Ladung für den Eigenbedarf (Wasser bunkern) des Schiffes bezeichnet.

Chronometer, das (der)
Sehr genau gehende Uhr, die in besonderem Gehäuse kardanisch aufgehängt untergebracht ist und konstant →*UTC* (Weltzeit) bzw. früher MGZ (Mittlere Greenwich-Zeit) anzeigt. Ein C. hält seinen Gang konstant bei und wird nicht gestellt; Stand und Gang werden nur rechnerisch bei der →*Schiffsortbestimmung* berücksichtigt.

Cockpit, das

Der mit einer Vertiefung im →*Deck* gebaute und auf Yachten meistens →*achtern* liegende Sitz- und Arbeitsraum für die →*Besatzung*, auf →*Jollen* auch der gesamte, nicht eingedeckte Bereich des Bootes. Im Deutschen auch →*Plicht* genannt.

Crew, die

Aus dem Englischen übernommene Bezeichnung für die gesamte →*Besatzung* eines Sportbootes.

Dampferlicht, das

Das weiße →*Topplicht*, das auf einem Maschinenfahrzeug nach der Seestraßenordnung von vorn bis 112,5° nach jeder Seite scheinen und mindestens 5 Seemeilen weit sichtbar sein muss. Es wird mit der Dampferlaterne angezeigt.

Deck, das

Als „Deckel" die obere Abschlussfläche des Bootsrumpfes, korrekter als →*Oberdeck* bezeichnet., weil auf größeren Yachten oder Schiffen die über diesem liegende Flächen ebenfalls als D. bezeichnet werden, z.B. Backdeck, Hüttendeck, Zwischendeck, Brückendeck u.a. Der Begriff wird auch nur für Teilbereiche des Hauptdecks benutzt, z.B. Vordeck, Achterdeck u.a. und findet sich in vielen Bezeichnungen.

Decksbucht, die

Die Wölbung des →*Decks* in Querschiffsrichtung. Die D. soll das Ablaufen des Wassers erleichtern und die Standfestigkeit bei →*krängendem Boot* verbessern.

Deklination, die
Wörtl. „Abweichung":
1. Auf ein Gestirn bezogen sein Winkelabstand vom Himmelsäquator bis zu seinem Abweichungsparallel und von 0° bis 90° nach Süden und Norden gerechnet.
2. Der horizontale Winkel, um den die Kompassnadel durch ihre Richtung zum magnetischen Nordpol von der rechtweisenden Nordrichtung abweicht, auch →*Missweisung* genannt. Diese D. ist örtlich und zeitlich nicht konstant und muss in der Nähe des →*Schiffsortes* der jeweiligen →*Seekarte* entnommen werden.

Depression, die
In der Wetterkarte oder der Wettervorhersage ein Tiefdruckgebiet.

Deviation, die
Die Ablenkung der Nadel eines Magnetkompasses durch magnetische Einflüsse des Bootes. D. kann nicht nur durch benachbarte Eisenmassen (Motor, Ballastkiel, Ruderanlage usw.) sondern auch durch elektrische Leitungen, elektronische Geräte u. ä. erfolgen. Die D. ändert sich von Zeit zu Zeit, insbesondere nach längerem Aufenthalt im Winterlager und längerer Hafenliegezeit. Darum muss die D. nicht nur in einer Deviationskurve ermittelt und in einer →*Deviationstabelle* festgehalten, sondern durch häufige Deviationsbestimmung kontrolliert werden.

Deviationstabelle, die
Die Zusammenstellung der aus einer Deviationskurve ersichtlichen Werte der →*Deviation* für die
→*Kursbeschickung*. Eine D. kann entweder als
Ablenkungstafel für den Eingang mit dem
gesteuerten →*Kompasskurs* oder auch als Steuertafel mit dem Eingang aus dem →missweisenden *Kurs*
aufgestellt werden.

dichtholen
hier: Eine →*Schot* durchholen oder steif setzen.

Dingi, das
Kleines Beiboot, das entweder mit Riemen oder mit
einem Außenborder bewegt wird oder ausschließlich zum Segeln eingerichtet sein kann.

Doldrums, die →Kalmengürtel

dümpeln
Unregelmäßige, bei Windstille oder wenig Wind, in
Fahrt oder vor Anker nur durch Seegang, Dünung o-
der Schwell verursachte Bootsbewegung in der
Längsschiffsebene oder um die Querachse. In Fahrt
bezeichnet man die gleichartige Bewegung als
→*stampfen*.

Durchkentern, das
→Kentern

durchsetzen
Steifholen des →*stehenden Gutes* mit →*Wantenspanner*, →*Achterstagstrecker* und anderen

Spannvorrichtungen. Sinngemäß auf das →*laufende Gut* bezogen das Steifholen einer →*Leine*, entweder durch Einfallen, mit einer Winde oder einem Hebelstrecker.

Einfallen des Segels
Das Segel verliert an Wirkung und fängt an zu →killen

ein Segel fällt ein
→Einfallen

Ende, das Bezeichnung eines abgepassten Stückes →*Tauwerk* vom Durchmesser einer →*Leine*. Dabei wird das letzte Stück auf beiden Seiten vom E. ein →*Tampen* genannt.

Fahrt, die
Die Bootsgeschwindigkeit, ausgedrückt in →*Seemeilen* pro Stunde und bezeichnet als →*Knoten* (kn)
1 sm/h = 1 Kn.

Fall, das
Ein Ende aus Fasertauwerk oder Drahttauwerk zum Setzen eines Segels. Jedes F. ist nach dem Segel benannt, das es bedient, z.B. Großfall, Fockfall.

Fehlweisung, die
Bei einem →*Magnetkompass* die algebraische Summe von →*Ablenkung* (→*Deviation*) und →*Missweisung* (→*Deklination*), die bei der →*Kursberichtigung* angebracht werden muss.

Festmacher, der
1. Starke →*Enden* oder →T*rossen* mit oder ohne ein-
gespleißten →*Augen* zum Festmachen.
2. Ein Mann, der ein Boot an Land festmacht.

fieren, (auffieren)
1. Ein Segel, eine →*Spiere*, einen Anker o.ä. herunter-
lassen. Ggt.: →*heißen* oder hieven.
2. Das Nachgeben eines belasteten →*Endes*, meistens Hand über Hand, z.B. mit einem →*Festmacher*
oder einer →*Schot*. Ggt.: holen.

Fock, die
Im ursprünglichen Wortsinn ein „Zieher",
d. h. ein auf dem →*Vorschiff* gesetztes Segel.

Fockschot, die
Eine auf jeder Bootsseite und damit doppelt geführte →*Schot* zum Bedienen der →*Fock*.

Freiwache, die
Freizeit zwischen abgelaufener und nächster →*Wache* oder wachfreier Teil der Besatzung.

Freiwächter, der
1. Ein Besatzungsmitglied, das →*Freiwache* hat oder
2. durch besondere Aufgaben an Bord auf See
(als →*Navigator* oder als →*Smut* immer →*wachfrei*
ist.

Funknavigation, die
Bestimmung des →*Schiffsortes* und (teilweise)
des →*Kurses* mit Hilfe elektromagnetischer oder

Funkwellen, die von Land aus, z.B. durch Funkfeuer gesendet und an Bord z.B. über Funkpeiler empfangen werden.

Fuß, der Englisches Längenmaß, das in der Sportschifffahrt und im Bootsbau noch verbreitet ist.

1 Fuß =   30,5 cm
1 Fuß = 304,8 mm
1 Fuß =   12 Zoll

Gang, der
hier: Die Änderung des Standes eines Chronometers oder einer Borduhr in 24 Stunden.

Gastlandflagge, die
Die Nationalflagge eines fremden Landes, das eine Yacht besucht. Die G. in der Größe 30 x 45 cm wird an der →*Steuerbord* →*Saling* in den entsprechenden Hoheitsgewässern gesetzt.

gefiertes Segel:
siehe fieren

gegisster Ort, (der)
Angenommener oder geschätzter →*Schiffsort*, den man bei einem →*Koppelkurs* unter Berück-sichtigung der durch das →*Log* gegebenen Fahrt und unter Beachtung möglicher Einflüsse von →*Abdrift*, →*Strom* o.ä. als wahrscheinlichsten →*Standort* für eine bestimmte Zeit erhält.

geigen

Eine Bootsbewegung, die besonders bei →*achterli-chem* Wind als →*Krängung* nach →*Luv* und nach →*Lee* auftritt. Besonders durch die ausgebaumten Segel beim →*Schmetterlingssegeln* ist diese Pendel-bewegung noch gefährlicher als das →*Rollen*.

Generalkurs, der

hier: der überwiegend gesteuerte Hauptkurs zum Ziel.

Genua, die

Ein →*Beisegel* für leichtes und mittleres Wetter, das auf einem →*Amwindkurs* wie →*Raumschotkurs* gefahren wird.

Genuaschot, die

Die →*Schot* der →*Genua*

Gesamtberichtigung, die

→*Gesamtbeschickung*

Gesamtbeschickung, die

hier: Summe aller →*Berichtigungen*, →*Beschickungen*

gieren

Ungewolltes, wiederkehrendes Ausscheren eines Bootes aus dem gesteuerten Kurs als Folge einer Drehbewegung (Drehschwingung) um die durch den Drehpunkt verlaufende senkrechte Achse.
Das G. tritt periodisch zu beiden Seiten, nach →*Steu-erbord* und →*Backbord*, hauptsächlich bei

→*Vorwindkursen* oder →*achterlicher* See auf.

Groß, das
hier: umgangssprachliche Abkürzung für das
→*Großsegel*

Großbaum, der
Die bewegliche →*Spiere*, die zum Ausstrecken des
→*Unterlieks* eines →*Großsegels* bei einer →*Schratta-
kelung* dient.

Großkreis, der
Die kürzeste Verbindungslinie zwischen 2 Punkten
auf der Erdoberfläche.

Großsegel, das
Das am Großmast gesetzte →*Schratsegel*, das
entweder mit losem →*Unterliek* gefahren wird oder
das fest mit dem →*Großbaum* verbunden ist.

Großschot, die
Das durch mehrere Blöcke geschorene Ende,
mit dem das Großsegel bedient wird.

halber Wind
bezeichnet einen →*Kurs*, bei dem der Windanzeiger
an Bord ungefähr rechtwinklig zur Schiffslängsachse
(Kielrichtung) ausweht, der →*scheinbare Wind*
also mit ungefähr 90° →*einfällt*.

Hals (eines Segels)
Bei den heute üblichen →*Schratsegeln* auf →*Jollen*
und →*Yachten* die vordere untere Ecke des Segels,

wo sich →*Unterliek* und →*Vorliek* treffen.

Halsen, das
Wechseln der Windseite bei →*achterlichem* Wind,
das im Gegensatz zum einfachen →*Schiften* immer
mit einer (wenn auch nur geringfügigen) Kursänderung verbunden ist.

hart am Wind, hart beim Wind
So hoch wie möglich →*am Wind* oder →*beim Wind*
segeln, nicht kneifen, aber auf einem →*Amwindkurs*
der gesegelten →*Höhe* den Vorzug vor der
Geschwindigkeit geben, z.B. wenn man eine
Marke noch →*anliegen* will.

Havarie, die
Unabsichtlich an einem Boot oder Schiff
entstandener Schaden, der durch menschliches
Fehlverhalten der Besatzung, Versagen von
technischen Anlagen an Bord oder durch höhere Ge-
walt (Sturm, Seegang o.ä.) eingetreten ist.

havariertes Fahrzeug
→*Havarie*

Heck, das
Der hinterste Teil eines Bootes, das Gegenstück
zum →*Bug.*

heißen, hissen
Mit einem → *Ende* oder einer → *Talje* einen
Gegenstand in die Höhe ziehen, z.B. eine Flagge an
der → *Saling*. Das entsprechende Kommando lautet:

„Heiß auf!", das auch zum Setzen eines Segels angewandt wird.

hoch am Wind
Sinngemäß ein →*Amwindkurs* wie →*hart am Wind*, auf dem man vor allem Höhe laufen will.

Höhe laufen, Höhe gewinnen, Höhe halten
So → *hoch* am Wind wie möglich laufen, ohne dabei an Fahrt einzubüßen.

Höhe (eines Gestirns), die
1. Der gemessene Winkel zwischen einem Gestirn und der → *Kimm*, auch Kimmabstand genannt.
2. Der Winkel am Erdmittelpunkt zwischen einem Gestirn und dem wahren Horizont. Dabei sind die Höhenparallaxe und die Kimmtiefe berücksichtigt.

Indexberichtigung, die
Der mit dem →*Indexfehler* gleich große, aber entgegengesetzte Wert, der an eine Ablesung, z.B. am →*Sextanten* angebracht werden muss, um den Indexfehler auszugleichen

Indexfehler, der
Unterschied zwischen dem tatsächlichen Nullwert einer Messung und der Nullanzeige des Mess-instruments, z.B. beim →*Sextanten*.

Jolle, die
Ursprünglich kleines, offenes, flachbodiges Strandfischerboot oder Beiboot, das auf Kriegs- und Handelsschiffen neben der größeren Barkasse und

dem kleineren Dingi zum Rudern und Segeln benutzt wurde. Daraus entwickelt im Unterschied zum Kielboot oder zur Yacht ein leichtes, kenterbares, offenes oder eingedecktes Schwertboot mit flachem Boden und entsprechender Segelfläche.

Jumpstag, das
Einfaches oder doppeltes Stag an der Vorderkante und in der oberen Hälfte des Großmastes, das vorwiegend bei Dreiviertel- oder Siebenachtel-Takelung benutzt wird, um insbesondere bei einem →*Achterstag* dem →*Masttopp* ausreichende Sicherheit zu geben.

Kabellänge, die
Nautisches Längenmaß von 185,2 m oder 1/10 Seemeile.

Kabine, die
umschlossener Raum auf einem Schiff (Kajüte) zum (vorübergehenden) Aufenthalt von Personen. (Wohnraum der Besatzung).

Kalme, die (Kalmen)
Völlige Windstille, die hauptsächlich im Innern von Hochdruckgebieten sowie bei schwachem Luftdruckgefälle auf Binnengewässern auch in der Nacht auftritt. Die großräumigen Gebiete konstanter K. heißen →*Kalmengürtel*.

Kalmengürtel, der
Ein weiträumiges Gebiet in der Nähe des Äquators, dass sich durch viel →*Kalme* und schwache,

veränderliche Winde auszeichnet, weil kaum Unterschiede im Luftdruck bestehen. Der K. in der äquatorialen Tiefdruckrinne zwischen dem afrikanischen und dem südamerikanischen Tief erstreckt sich über etwa 5 Breitengrade und verlagert sich mit dem Sonnenstand während des Nordsommers bis ca. 10° Nord, während des Süd-sommers bis ca. 5° Süd. Wegen der aufsteigenden Luftbewegung ist das Wetter wolkig und regnerisch, der Luftdruck in den →*Passatzonen* nördlich und südlich des K. höher als im K. selbst. Von deutschen Seeleuten wird der K. auch als →*Mallungen*, von englischen als →*Doldrums* bezeichnet.

Kammer, die
hier: Die abgeschlossenen Wohnräume auf einer größeren →*Yacht* und auf einem Schiff.

Kanal 16
In der Funktechnik werden als Kanal die in Gruppen zusammengefassten einheitlichen Frequenzbänder bezeichnet. Im Seefunk erfolgt der Seenotverkehr u.a. auf UKW-Kanal 16 (Anruf- und Seenotkanal)

Kajüte, die
Der Koch-, Wohn- und Schlafraum der Besatzung unter dem Deck.

Kartenkurs, der
Die auf die →*rechtweisende* Nordrichtung bezogene und in die →*Seekarte* eingezeichnete →*Kurslinie*. Der K. kann nur unter Beachtung der →*Fehlweisung* zum →*Kompasskurs* werden bzw. der gesteuerte

Kurs kann nur mit →*Deviation* und →*Missweisung* in einen K. verwandelt werden. Der K. wird mit Hilfe eines →*Kursdreieckes* in die Karte eingezeichnet.

Kartentisch, der
Der Arbeitsplatz des →*Navigators*, der in der →*Kajüte* neben dem →*Niedergang* liegt. Er muss zum Arbeiten mit der →*Seekarte* ausreichend groß und zum Schutz des Kartenzirkels, →*Kursdreieckes* und anderer →*nautischer Instrumente* mit Schlingerleisten versehen sein. Sein Unterbau dient meistens als Kartenschrank zur Aufbewahrung der →*Seekarten.*

Kausch, die
Aus nichtrostendem oder verzinktem Stahlblech, Messing, Bronze, Kunststoff o.ä. gefertigte Öse als rund-, spitz- oder herzförmige Metalleinlage mit rillenförmigem Querschnitt für Faser- und Drahttauwerk. Eine K. soll ein →*Auge* in einem →*Tampen* gegen →*Schamfilen* sichern und das →*Anstecken* eines →*Schäkels*, Bolzens oder Hakens o.ä. oder nur den Durchzug eines →*Reeps* erleichtern.

Keep, die
Rille, Hohlkehle, Kerbe, Nut oder nur Einschnitt, Vertiefung, nach der niederdeutschen Herkunft an Bord mehrfach benutzt.

Kentern, das
Von Kentern spricht man in der Schifffahrt, wenn ein Wasserfahrzeug umkippt und als Resultat davon mehr oder weniger stabil auf der Seite schwimmt.

Kippt das Schiff weiter, bis es kieloben (kopfüber) liegt, spricht man auch von Durchkentern.

Kielwasser, das (auch Heckwasser oder Hecksee) Ist die Verwirbelung des Wassers, die durch das Schiff erzeugt wird.

killen (des Segels)
Ein Zustand des →*Segeltrimms*, wenn die Segel nicht mehr (eben) voll stehen sondern das Tuch „lebendig" wird und in schnellem rhythmischen Wechsel am →*Achterliek* wie eine Flagge auszuwehen beginnt oder am →*Vorliek* einfällt und wieder ausweht.

Kimm, die
hier: Auf See der natürliche Horizont, d.h. die sichtbare Linie, in der sich Himmel und Wasser treffen.

klar
Ein vielfach allein oder in unterschiedlichen Verbindungen gebrauchtes Wort:
1. Im Sinne von aufgeräumt, „in Ordnung gebracht", „aufgeklart": Im Kommando „Klar Deck überall", „Klar Schiff".
2. Als Vorbereitungs- und Ausführungskommando im Sinne einer Bereitschaft: „Klar zum Wenden!" „Klar zum Halsen!" o.ä. usw. usw.

klarieren, klar machen
1. Ein Boot bei den Hafenbehörden zum Einklarieren an oder Ausklarieren abmelden.
2. Eine →*Leine* durch →*Blöcke*, →*Augen* o.ä.

klarlaufend machen, die Kinken aus ihr entfernen, einen festgekommenen Anker befreien o.ä. im Sinne von „zu neuem Gebrauch in Ordnung bringen"

Knoten, der

mit der Abkürzung „kn" die Maßeinheit für die Bootsgeschwindigkeit, die Fahrt (durch das Wasser). 1 Knoten (kn) entspricht 1 Seemeile pro Stunde (sm/h), das sind 1852 m/h oder ca. 0,5 m/s. 2.
Im ursprünglichen Sinne von 1. Eine Kombination von →*Augen*, Buchten und Rundtörns, durch die man den Tampen steckte, um einen K. zu erhalten, z.B. als Achtknoten oder einen anderen Stopperknoten. 3. Hauptsächlich →*Stek* genannt die jederzeit lösbare Verbindung zweier →*Enden* z.B. als Schotstek, Webeleinstek usw. usw.

Koje, die

Der Schlafplatz an Bord

Kollision, die

Ein Zusammenstoß oder eine Berührung von Fahrzeugen auf See untereinander oder von Booten mit der Pier bzw. mit Tonnen, Brücken o.ä., die jedoch immer Schaden verursachen muss.

Kollisionskurs, der

Die Richtung, die zwei Fahrzeuge auf See steuern, wenn sie unter Beibehaltung von Kurs und Fahrt den Schnittpunkt ihrer Kurslinien zu gleicher Zeit erreichen.

Kombüse, die

Die (auf größeren Fahrzeugen) in einem eigenen Raum untergebrachte Küche an Bord, auf →*Yachten* durch ihre Lage in der →*Kajüte* besser →*Pantry* genannt.

Kompasskurs, der

Der als →*Kurswinkel* zwischen Kielrichtung und der magnetischen Nordrichtung tatsächlich am Magnetkompass gesteuerte Kurs.

kompensieren, Kompensation, die

Ausgleich der →*Deviation* durch künstliche kleine Magnete im Kompassgehäuse oder in der Nähe des Kompasses, die bei einem zu großen Deviationswinkel die
störenden Kräfte aufhebt.

Kopf, der

hier: Beim Hochsegel die obere Ecke, an der das →*Fall* → *angeschlagen*→ oder →*angeschäkelt* wird.

Koppelkurs, der

Der beim →*Koppeln* mit Hilfe von Bleistift und →*Kursdreieck* o.ä. in die →*Seekarte* eingetragene →*rechtweisende Kurs*.

koppeln

Eintragen jedes gefahrenen →*Kurses* mit der vom →*Log* o.ä. gegebenen Fahrt (durch das Wasser) und der entsprechenden Zeit (ggf. unter Berücksichtigung von →*Abdrift* und →*Strom* und somit →*Kurs* und →*Fahrt* über →*Grund*) in die →*Seekarte*.

Koppelort, der
Der →*gegisste Ort*, den man auf einem →*Koppelkurs*
erhält, wenn man richtig →*koppelt*. Er liegt vom
→*wahren Schiffsort* um die →*Besteckversetzung* entfernt und ist ein unsicherer →*Schiffsort* in einem
eng- oder weiträumigen Fehlerbereich, den ein
→*Navigator* richtig einschätzen können muss.

Krängung, die –krängen
Sich neigen, nach einer Seite überlegen oder
überliegen. Als K. wird nur eine kurzzeitige,
aber auch eine kurzzeitig anhaltende Neigung
des Bootes um seine Längsachse verstanden,
die durch eine Krängungskraft, hauptsächlich
durch Wind erfolgt.

Kreuzkurs, Kreuzstrecke, kreuzen
hier: Das Segeln zu einem Ziel in →*Luv*, das man
nicht direkt gegen die Windrichtung, sondern nur
auf einem →*Amwindkurs* mit verschiedenen Kreuz-
schlägen auf dem einen oder anderen →*Bug*
erreichen kann.

Kreuzsee, die
Ein Seegang, der durch zwei sich kreuzende oder
winklig gegeneinander laufende Wellenrichtungen
entsteht.

Kurs, der
Die Richtung, die ein Boot steuert oder in die es segelt.

**Kursberichtigung, die
(Kursbeschickung, Kursverbesserung)**
Die →*Verbesserung* eines →*Kurses* nach Beendigung
der →*Kursverwandlung*. Zur K. gehört die Berücksichtigung von →*Abdrift* und →*Stromversetzung* sowie anderer Einflüsse, z.B. ein Steuerfehler durch
den →*Rudergänger*.

Kursdreieck, das
Ein durchsichtiges, rechtwinkliges Dreieck mit
Winkeleinteilung von 1° bis 360° und seinem
Nullpunkt in der Mitte der Hypotenuse.

Kurslinie, die hier: Der in der Seekarte eingezeichnete geradlinige Weg (richtiger: Soll-Weg) eines
Bootes, insbesondere bei einem →*Koppelkurs*.

Kursverwandlung, die
Die Anbringung von →*Deviation* (nach der →*Ablen-
kungs-* und →*Steuertafel*) sowie der →*Missweisung*
bei der Verwandlung eines →*rechtweisenden Kurses*
in einen →*Kompasskurs* und umgekehrt. Nach K. un-
terliegt der →*Kurs* noch der →*Kursbeschickung*, ehe
er als →*Kartenkurs* eingetragen und dem →*Rudergänger* als →*Steuerkurs* gegeben
werden kann.

Kurswinkel, der
Der Winkel zwischen dem →*Kurs*, d.h. der Kielrichtung des Bootes, und einer Bezugsrichtung. Diese
kann entweder die Windachse des →*atmosphärischen Windes*, die Richtung des relativen →*Bordwindes* oder die geographische Richtung sein.

Kurs zum Wind, der

Der →*Kurs* einer →*Yacht* kann auf den →*atmosphäri-schen Wind* oder auf den →*Bordwind*
bezogen werden. Bei Bezug auf den atmosphäri-schen oder →*wahren Wind* benutzt man den durch
die →*Windachse* gezogenen Halbkreis für jeweils ei-nen →*Bug* zur Kennzeichnung und spricht z.B.
bei 90° von →*halbem Wind*, während bei Wind ge-nau von →*achtern* die Benennung →*vor dem Wind*
üblich ist. Auf den relativen →*Bordwind* bezogen
dient die Segelstellung (der Winkel zwischen Kiel-richtung und Großbaum) zur Kennzeichnung des
entsprechenden Kurses zum Wind. Dabei unter-scheidet man generell zwischen einem →*Amwind-kurs* und →*raumen Kursen* und teilt den weiten Be-reich „raum" in →*raum-vorlich*, →*raum-seitlich*,
→*raum-achterlich* oder →*vor dem Wind* entspre-chend den Winkeln in der Segelstellung und Win-keln zur →*Windachse* ein.

Länge, geographische, die (longitude)
Der in Grad gemessene sphärische Winkel am
Erdpol zwischen dem (Null-) →*Meridian* von
Greenwich und dem Ortsmeridian, bis 180° nach Ost
oder West bezeichnet. Dementsprechend gibt
es eine →*östliche* und →*westliche Länge*.

Längsschiffs, längs
In Längsrichtung bzw. Kielrichtung und annähernd
parallel dazu von →*vorn* nach →*achtern*,
im Gegensatz zu →*querschiffs*.

Lat. (Abkürzung für Latitude)
→*Breite*

laufendes Gut, das

Alles Tauwerk, das zum Setzen, Bedienen und Bergen der Segel sowie anderer Teile in der →*Takelage* dient und über →*Blöcke*, Scheiben Rollen o.ä. läuft, z.B. →*Fallen*, →*Schoten*, Dirken, Flaggleinen, Niederholer, Achterholer, Beiholer, Ausholer, Abflacher, Cunningham-Leine.

Lee, die (das)

Die Richtung, in die der Wind weht. (Die vom Wind abgewandte Richtung) Das Gegenteil ist →*Luv*.
Der Begriff L. wird vielfach gebraucht, z.B. in Leeküste, Leeyacht, leegierig sowie im übertragenen Sinne auch in Leetide. Auch als Zusatzbezeichnung für Teile an Bord benutzt, z.B. Leewant *(→Want)*, Leeschot *(→Schot)*.

Leebrett, das – Leebord, das

Ein festes oder klappbares Brett entlang der Außenseite einer →*Koje*. Ein L. verwandelt jeden Schlafplatz in eine →*Seekoje*. Ist das L. aus Segeltuch gefertigt, wird es auch Leesegel genannt.

Leine, die

Sammelbezeichnung für alle Arten von Tauwerk an Bord. Nach dem unterschiedlichen Umfang reicht eine L. vom Bändsel bis zur Trosse. Nach dem Verwendungszweck unterscheidet man: Schleppleine, Flaggleine, Vorleine u.a., nach dem Material: Perlonleine, Kokosleine, nach der Machart: rechtsgeschlagene, linksgeschlagene oder geflochtene L. Nach den Deutschen Normen ist jede Leine ein Seil.

Lifebelt, der
Ist ein Gurtgeschirr für die Sicherung von Seeleuten an Bord von Wasserfahrzeugen. Sie verhindern ein über-Bord-gehen.

Log, das
Gerät zum Messen der Fahrt eines Bootes oder der Geschwindigkeit des Stromes, vom Ankerplatz aus.

Logbuch, das
Das Boots- oder Schiffstagebuch, das in der Berufsschifffahrt gesetzlich vorgeschrieben ist, oft für verschiedene Bereiche getrennt (als Funk- oder Maschinen-Tagebuch) geführt wird und bei Verhandlungen vor dem Seeamt als Beweismittel dient.

Long. (Abkürzung für Longitude)
→*Länge, geographische*

Lose, die
Das Durchhängen einer →*Leine*. Ein →*Ende* hat L. wenn es nicht →*durchgesetzt* ist.

Lot, das
Messgerät zur Bestimmung der Wassertiefe. Einfache Geräte zur unmittelbaren Tiefenmessung sind der Lotstock und das Handlot für geringe Wassertiefen. Aufwendige Messungen erfolgen mittelbar mit dem Echolot, dem Echographen oder dem Elektrolot zum Anzeigen kleiner und großer Tiefen gleichermaßen.

Luk, das

Eine durch einen Lukendeckel verschließbare Öffnung im → *Deck*, die gleichzeitig als Passagiergang dient und zum Schutz gegen Wasser mit einem Lukensüll umgeben ist. Man unterscheidet ein Klappluk (auf dem → *Vordeck*) und ein Schiebeluk (auf dem Kajütdeck über dem → *Niedergang* zur → *Kajüte*.

Luv, die (das)

Die Richtung, aus der der Wind kommt. Die gegen den Wind gerichtete Richtung. Das Gegenteil ist →*Lee*. Der Begriff wird vielfach gebraucht, z.B. in →*luven*, →*Luvseite*, →*luvgierig*, →*luvwärts* sowie im übertragenen Sinne auch in →*Stromluv* u.v.a.
Auch die Zusatzbezeichnung für das →*stehende* und →*laufende Gut*, z.B. →*Luvwant*, →*Luvschot* u.a.

Luvseite, die

Die Seite, an der →*Luv* liegt. Die dem Wind zugekehrte, die „windige" Seite

Magnetkompass, der

Ein Kompass, der die Richtungskraft des erdmagnetischen Feldes auf Magnetnadeln ausnutzt, die parallel zueinander an der Unterseite der Kompassrose befestigt sind.

mallen (des Windes)

Wörtlich „verdreht", „verkehrt", „verwirrt". Auf den Wind bezogen wiederholte Änderung der Windrichtung, insbesondere bei flauem Wind. Der Wind

„mallt", wenn er plötzlich aus einer unerwarteten Richtung kommt oder unstetig und unbeständig in der Windrichtung ist, z.B. in den →*Mallungen*.

Mallungen, die

Von deutschen Seeleuten geprägte Bezeichnung für den →*Kalmengürtel* oder die →*Doldrums*, d.h. die windstillen Zonen im Atlantischen, Indischen und Pazifischen Ozean. Hier herrscht tiefer Luftdruck mit aufsteigenden Luftmassen bei geringer Windstärke und unstetiger Windrichtung, und der Wind →*mallt*. Die M. liegen zwischen den →*Passatzonen*.

Manöver, das

1. Im ursprünglichen Wortsinn die Sammelbezeichnung für alle Tätigkeiten an Bord mit vielfältiger Handarbeit, z.B. zur Vorbereitung und Durchführung des Ankermanövers und von Segelmanövern wie Setzen, Bergen, Reffen usw.
2. Auch die Bewegungen des Bootes denen diese Verrichtungen gelten oder mit denen sie verbunden waren, z.B. Ablegen, Anlegen, →*Wenden*, →*Halsen* usw.

Mast, der

Hauptteil der →*Takelage* und Voraussetzung für das Setzen der Segel.

Mastliek, das

Das Liek, das am →*Mast* befestigt wird, entweder durch eine Reihleine, eine Hohlkehle oder durch →Rutscher an einer Mastschiene.

Masttopp, der
Der oberste Teil des Mastes.

„Mayday"
Im internationalen Seefunkdienst und im Sprech-
funkverkehr festgelegtes Kennwort für einen
Seenotfall. Der Notruf entspricht der englischen
Aussprache („meh-deh") des französischen Hilferufs
„M`aidz!" mit der Bedeutung „Helfen Sie mir".

Mayday-Relay
= Weiterleitung eines Notrufs durch eine Funkstelle

Meridian, der
Im ursprünglichen lateinischen Wortsinn „südlich;
mittägig; gen Mittag; Mittagslinie".
1. Auf der Erde der vom Nordpol zum Südpol
verlaufende halbe Großkreis, dessen Ebene den Erdmittelpunkt schneidet und der alle Orte
verbindet, in denen die Sonne beim Meridiandurch-
gang im wahren Mittag steht und die wahre Ortszeit
dann 12:00 Uhr ist. Alle Punkte auf einem M.
habe die gleiche Richtung rechtweisend Nord.
Die Gestirne erreichen beim Passieren des Orts-me-
ridians bzw. bei der oberen Kulmination ihre größte
Höhe. Im Koordinatensystem der Erde wird der Meridian von Greenwich als „Nullmeridian" bezeichnet,
von dem aus je 180 Meridiane in
östlicher und westlicher Richtung gezählt werden.
Der dem Nullmeridian entgegengesetzte halbe
Großkreis 180° Ost oder West ist die Datumsgrenze.

missweisend
→missweisender Kurs

missweisender Kurs, der
Bei der → *Kursverwandlung* ein rechnerischer →
Kurs, der aus dem → *Kompasskurs* nach Anbringung
der → *Deviation* oder aus dem → *rechtweisenden*
Kurs nach Berücksichtigung der → *Missweisung* ge-
funden wird. Die auf → *missweisend Nord* bezogene
Kursrichtung ist nur mit dem Steuerkurs identisch,
wenn die → *Deviation* = 0 ist.

Missweisung, die (Deklination)
Die durch den Erdmagnetismus bewirkte Ablenkung
der Kompassnadel von der → *rechtweisenden Nord-*
richtung oder der Winkel am → *Magnetkompass* zwischen dem (geographischen) → *Meridian* und magnetischen Meridian.

mittschiffs
Die Mitte des Bootes querschiffs wie längsschiffs, sowohl zwischen →*Vor-* und →*Achterschiff* als auch
zwischen →*Backbord* und →*Steuerbord* gelegen.

Monstersee, die (Monsterwellen, die),
auch Riesenwellen oder Kaventsmänner genannt,
sind außergewöhnlich hohe, einzelne marine
Wasserwellen.

Nautik, die Schifffahrtskunde als Sammelbegriff al-
ler Teilbereiche der →*Seefahrt,* z.B. →*Navigation*,
→*Seemannschaft*, Wetterkunde, Schifffahrtsrecht,
Ladungswesen sowie bestimmter Gebiete der

Mathematik, Physik, Geographie, Hydrographie, Astronomie, Psychologie und Medizin. Ein

Nautiker ist ein in diesen Fächern wissenschaftlich gebildeter und staatlich geprüfter Schiffsoffizier mit einem entsprechenden Patent, z.B. als Kapitän bzw. sinngemäß ein Seeoffizier der Marine.

Nautische Ausrüstung, die
Alle Geräte und Einzelteile, die für die →*Nautik* notwendig sind. Dazu gehören neben der Navigationsausrüstung wie →*Seekarte, Seebücher,* →*Kompass, Peildiopter,* →*Sextant, Funkpeiler, Lot,* →*Log*, u.a. auch Barometer oder Barograph, Signalball und Signalkegel, Logbuch sowie andere Teile, die nicht zur Decksausrüstung, zum Ankergeschirr oder zur Kajüteinrichtung zu rechnen sind.

Nautische Bücher, die
Hilfsmittel für den Schiffsführer

Nautische Instrumente, die
→Nautische Ausrüstung

Nautische Tafeln, die
Arbeitsunterlage des →*Navigators*, insbesondere für die →*astronomische Navigation*, mit einer Vielzahl von Tabellen und Einzeltafeln, Formelsammlungen, Umrechnungen, Logarithmen, für Tagbogen und Nachtbogen, Azimute, Kimmtiefe u.a.

Navigation, die

Sammelbezeichnung für alle Vorgänge und Tätigkeiten, um ein Fahrzeug über See auf dem günstigsten (kürzesten) Weg zu einem Ziel zu führen, dabei den →*Kurs* festzulegen und den →*Schiffsort* zu bestimmen. Die N. ist ein Teilgebiet der →*Nautik* und wird an Bord vom Schiffer (Kapitän, Skipper) durchgeführt, wenn kein anderer Mann der →*Crew* als →*Navigator* eingesetzt ist.

Navigator, der

Der Mann der Besatzung, der die →*Navigation* beherrscht, für sie verantwortlich ist und die →*nautischen Bücher* und →*nautischen Instrumente* an Bord betreut. Sein Arbeitsplatz in der →*Kajüte* ist der →*Kartentisch.*

Niedergang, der

Als Niedergang bezeichnet man auf einem Schiff eine steile schmale Treppe oder befestigte Leiter, die ein →*Deck* mit einem anderen verbindet.

Nock, die

Das freie Ende eines →*Rundholzes* oder einer →*Spiere*, z.B. Baumnock (1), Rahnock (2) u.a. 3. Auf beiden Seiten eines (größeren) Schiffes über das Brückendeck querschiffs hinausragendes Ende der Kommandobrücke, die Brückennock.

Notrolle, die

Manöverrolle bei bestimmten Tätigkeiten. Ausbildung der seemännischen Handhabung von Booten.

Oberdeck, das
Das →*Deck*, das den Bootsrumpf nach oben
abschließt und ihm seine Festigkeit gibt. Es kann in
Längs- und Querschiffsrichtung durchlaufen
(bei einem Glattdecker) oder auch durch einen
Aufbau (das Kajütdeck) unterbrochen werden.

Ölzeug, das
Wetterfeste Bekleidung in der Seefahrt, die den
Träger vor Nässe und Wind schützen soll.

östliche Länge, die
→*Länge*

Offshore: vom Lande entfernt, auf der hohen See
optimaler Anstellwinkel (Anströmwinkel), der
Derjenige →*Kurs*, auf dem ein Boot seine optimale
Leistung auf einem →*Amwindkurs*, d. h. beim →*Kreuzen* erreicht, auf die Richtung des →*atmosphärischen
Windes* bzw. die →*Windachse*
bezogen. Der o. A. erlaubt gleichzeitig die größte
Luvgeschwindigkeit. Auf einem o. A. wählt man einen Kompromiss zwischen der optimalen Höhe und
der größtmöglichen Fahrt zum Ziel, eine Luvmarke
oder ein Ziel in →*Luv* so schnell wie möglich zu erreichen.

Pantry, die
Ursprünglich Speisekammer, heute auch Anrichte
für das Essen und Aufbewahrungsort für das Back-
geschirr. Die gesamte Küchensektion an Bord,
auch →*Kombüse* genannt.

Passat, der (Passatwind, der)
Ein Wind des planetarischen Windsystems, der im
→*Passatring* beiderseits des Äquators ganzjährig
und annähernd gleichmäßig (in Richtung und
Stärke) weht. Durch die Erddrehung wird der P.
nach Osten abgelenkt., so dass auf der Nordhabkugel
ein Nordost-P. und auf der Südhalbkugel ein Südost-
P. weht. Der P. wird von Transozean- und Weltum-
seglern genutzt, die in Ost-West-Richtung im Bereich des Äquators mit Passatsegeln auf vorwiegend
→*raumen Kursen* um den Erdball schippern.

Passatring, der
Der äquatornahe Luftkreislauf im Rahmen des
planetarischen Windsystems: In den Tiefdruck-ge-
bieten der →*Kalmen* bzw. →*Mallungen* steigen
tropische Luftmassen am Äquator auf und fließen in
großen Höhen als „Antipassat" bis ca. 30° Nord und
Süd bzw. zu den Wendekreisen. In den dortigen
Hochdruckgebieten der →*Rossbreiten* fällt die Luft
und strömt als Nordost- bzw. Südost-P. durch die
Erddrehung oder Corioliskraft abgelenkt, zum
Äquator zurück.

Passatwindgürtel, der
Die Bereiche des →*Passat* im Atlantischen,
Pazifischen und Indischen Ozean. Die P. wandern
mit den Jahreszeiten. Sie verlagern sich im Nord-
sommer weiter nach Norden und weichen im
Nordwinter weiter nach Süden zurück.

Passatzone, die →*Passatwindgürtel*

Patentreff, das

Ein Drehreff *(→Reff)*, bei dem eine Drehkurbel seitlich am →*Großbaum* bedient wird und der gesamte Mechanismus hinter dem Mast am →*Baum* befestigt ist. Das P. (im Gegensatz zum Binderreff) arbeitet aufwändiger als das s. g. „Volksreff" und lässt meistens eine dreieckige Fläche über dem Lümmelbeschlag ungenutzt offen.

Peilung, die

hier: Richtungsbestimmung, die als Kompasspeilung auf die Nordrichtung oder als Seitenpeilung auf die Längsschiffrichtung bezogen ist. Dementsprechend unterscheidet man neben der Kompasspeilung eine missweisende Peilung, eine rechtweisende Peilung oder ein Azimut.

Peilung, auswandernd

→Peilung steht!

Peilung steht!

Verändert sich die Seitenpeilung zu einem anderen Fahrzeug, das in Fahrt ist **nicht**, und bleibt der Peilwinkel gleich, dann „steht" die Peilung. Führen beide →*Kurse* bei stehender Peilung zueinander, dann liegen die Boote auf →*Kollisionskurs*. Das ausweichpflichtige Fahrzeug muss dann die entsprechende Kursänderung frühzeitig einleiten, wenn sich der Abstand zwischen den Fahrzeugen verringert, um sich von dem Fahrzeug mit Wegerecht freizuhalten. (Bei auswandernder Peilung kann liegt kein Kollisionskurs vor. Dennoch ist bei der Navigation große Aufmerksamkeit geboten.)

Pier, die
Ein fest gebauter, aber nicht unbedingt aus Stein ge-fertigter Anleger als Liegeplatz und zum Laden und Löschen eines Schiffes.

platt vor dem Laken = →*vor dem Wind* fahren. Wenn der Wind genau von →*achtern* kommt.

Plicht, die
Der tiefer als das →*Deck* liegende und auf einem Seekreuzer durch Setzbord, Waschbord oder Süll nach außen abgegrenzter Sitz- und Arbeitsraum der →*Crew*.

Poller, der
Fest verankerter, starker, oft pilzförmiger Pfahl aus Holz oder Metall zum Festmachen von →*Leinen* und →*Trossen*.

Positionslaterne, die
Eine von der hierfür zuständigen staatlichen Stelle zugelassene Laterne, mit der die gemäß Seestraßen-ordnung, Seeschifffahrtsstraßenordnung oder Binnenschifffahrtsstraßenordnung vorgeschriebe-nen Lichter mit ihrer Mindesttragweite und der richtigen Lichtverteilung gezeigt werden können. Als P. wird eine Topplaterne, Seitenlaterne, Heckla-terne oder Signallaterne bezeichnet.

Proviant, der
Verpflegung an Bord.

Pütting, das
Auch Rüsteisen genannter Beschlag, der an der Außenhaut, am Spant, am Kiel oder nur am Schanzkleid sicher befestigt ist, um die Wanten zu befestigen und ihren Zug auf den Bootsrumpf zu übertragen.

Pütz, die
Eimer für den Bordgebrauch, z.B. als Schlagpütz mit Fangleine zum Reinschiff

querab
bezeichnet alle Richtungen, die rechtwinklig zur Kiellinie des Schiffes, auf dem sich der Beobachter befindet, liegen.

raum
Günstig, frei, weit im Sinne von Raum: Der Winkel zwischen →*Kurs* und Wind oder Seegang wird größer, der Wind trifft ein Segel voller, die →*Schoten* können weiter →*gefiert* werden, der Seeraum wird freier. Daher →*raumer Kurs*, →*raumer Wind*, raume Schot (raumschots), raume See u.a., weil man mehr Manövrier- oder Spielraum erhält.

raum-achterlich
Ein →*Kurs* zum →*Bordwind*, bei dem die →*Schoten* →*aufgefiert* sind, das Segel an der Grenze des →*optimalen Anstellwinkels* steht und der wirksame Segelwind →*achterlicher* als →*querab* einkommt.
Auf den →*atmosphärischen Wind* bezogen segelt man dabei mit Viertelwind.

raumer Kurs
Ein Kurs mit →*raumem Wind*. raum-seitlich

raumer Wind, der
Ein günstiger Wind, der →*raum* einkommt und mit dem man nicht mehr →*am Wind* segelt. Er reicht bis zur Richtung von →*recht achteraus* oder →*vor dem Wind*.

Raumschotkurs (raumschots segeln)
Ein Boot segelt auf R., wenn es nicht →*am Wind* läuft und die →*Schoten* (etwas) →*aufgefiert* sind.

raum-vorlich
Ein auch hartraum genannter → *Kurs*, auf dem man nicht mehr → *aufkreuzt*, sondern mit einem → *Schrick* in den → *Schoten*, ggf. mit dem Raumballon oder Stern-Spinnaker, ein Ziel ansteuert, das zwar in → *Luv* liegt aber auf direktem Wege zu erreichen ist.

recht achteraus
Genau in Kielrichtung →*achteraus*

rechtdrehender (rechtsdrehender) Wind
Änderung der Windrichtung im Uhrzeigersinn, bei einer schnellen Rechtsdrehung auch Ausschießen genannt.

rechtweisend
Auf das Koordinatensystem der Erde (→ *rechtweisend Nord*) bezogene Angaben, die „richtig" im Sinne der → *Navigation* sind und z.B. im Gegensatz zu →

missweisend stehen.

rechtweisender Kurs, der
Der auf die → *rechtweisende Richtung* bezogene und als Winkel zu → *rechtweisend Nord* angegebene → *Kurs.*

rechtweisende Nordrichtung (rechtweisend Nord - rw Nord)
Die auf den geographischen Nordpol bezogene Richtung, nach der die → *Seekarte* ausgerichtet ist.

rechtweisende Richtung (Rechtsvorausrichtung), die
Genormter Begriff der →*Navigation* als in die Horizontalebene projizierte, nach vorn orientierte Richtung der Fahrzeug-Längsachse, analog zu →*recht voraus*

recht voraus
Genau in Kielrichtung oder in →*Kursrichtung* voraus

Reep, das
Niederdeutsches Wort für Seil, im weitesten Sinne und nicht nur für Tauwerk an Bord, z.B. Smeerreep, Fallreep, Reeperbahn.

Reck, der
Die Ausdehnung ohne Bruch, z.B. einer → *Trosse,* von Drahttauwerk, von Segeltuch o.ä.. Bei der Abmessung von → *Stagen* und → *Wanten* muss dieser R. berücksichtigt werden.

Reff, das

Der Teil des Segels, der zum → *Reffen* eingerichtet
ist oder die Art des Reffens, auch Reff-einrichtung
genannt. Ursprünglich sprach man vom ersten oder
zweiten R. (Reff I, Reff II), entsprechend der
unteren oder oberen Reffleiste, bis zu der das Segel
beim Reffen zum → *Baum* → *gefiert* und mit
Reffbändseln eingebunden wurde; sinngemäß
wird bei einem Patentreff oder Rollreff jede Umdre-
hung des → *Baumes* oder jeder Ring als ein Reff
bezeichnet, wenn man von „mehreren Reffs" spricht.

reffen

Zeitweiliges Verkleinern der Segelfläche, hauptsächlich des → *Großsegels*, bei wachsender
Windgeschwindigkeit.

Reffkausch, die

Eine Rundkausch am → *Vorliek* und → *Achterliek*,
durch die eine → *Reffleine* oder → *Refftalje* oder
(bei einem Smeerreep) ein Reffstander führen,
um das Segel beim → *Reffen* niederholen zu können.

Reffleine, Refftalje, die

Bei einem Bindereff eine anstelle des Reffstanders
benutzte → *Leine* oder → *Talje*, um (je nach Methode
des Reffens) die → *Baumnock* bis zur → *Reffkausch*
im → *Achterliek* anzuholen oder das Segel entsprechend niederzuholen. Teilweise auch in Verbindung
mit einem Smeerreep nur am Baum entlang geführt.

Rigg, das

Bezeichnung für →*Takelage* mit allen Teilen des

→*stehenden* und →*laufenden Gutes*, einschließlich → *Mast* und → *Spieren*.

rollen
Ursprünglich eine Kombination von → *Schlingern* und → *Stampfen*, bei dem sich beide periodisch wiederkehrenden Bewegungen überlagerten. In der modernen Schifffahrt wir darunter ausschließlich die Bootsbewegung des → *Schlingerns*, d.h. die seitliche Bewegung um die Längsachse des Bootes verstanden.

Rollfock, die
Eine →*Fock* oder ein anderes beliebiges Vorsegel, das zur Verminderung der Segelfläche entweder beim →*Reffen* teilweise oder beim Segelbergen ganz aufgerollt werden kann.

Rollgenua
→*Rollfock,* →*Genua*

Rollkragen, der
→Böenwalze

Rossbreiten, die
Die → *Kalmengürtel* im Bereich des hohen Luft-drucks zwischen 25°-35° Nord und 20° bis 35° Süd, die auf der Nordhalbkugel nördlich und auf der Süd-halb-kugel südlich des → *Passatringes* liegen und sich durch umlaufende Winde und Windstille aus-zeichnen. Die Namen erhielten die nördlichen R. of-fenbar durch die Pferdetransporte in die amerikani-schen Kolonien im 17. und 18. Jahrhundert, bei

denen in diesen Gebieten durch die verlängerte Segelzeit viele Pferde aus Nahrungsmangel verendeten und über Bord geworfen wurden. Sinngemäß übertrug man den Namen auch auf die südlichen R.

Ruder, das
Kurzbezeichnung für die gesamte Ruderanlage zum Steuern eines Bootes und die drehbare, blattartige Fläche hierzu unter dem → *Heck*.

Rudergänger, der
Das Mitglied der Besatzung, das die Ruderpinne oder das Steuerrad bedient.

Rundholz, das
Ursprünglich „rund wie gewachsenes Holz" Bei der → *Takelage* die Bezeichnung einer → *Spiere*, Rah, Stenge, eines → *Baumes*, Klüverbaumes, → *Mastes*, einer Gaffel o.ä. aus Holz.

Rutscher, der
Sammelbezeichnung für alle, auf Gleitschienen o.ä. rutschenden oder gleitenden Beschläge, die entweder mit dem Segel verbunden sind (Mastrutscher (→*Mast*), Baumrutscher (→Baum) oder zum Verstellen des Holepunktes auf der Großschotschiene (Traveller) oder der Fockschotschiene (Leitöse, Leitblock) dienen.

Saling, die
Metallprofil oder → *Rundholz* in halber oder Drittel-Höhe beidseitig am → *Mast* befestigt., das die → *Wanten* querschiffs spreizt. Durch die S. oder

mehrere S. erhalten die Wanten einen größeren Zugwinkel am Mast.

Salon, der
Umschlossener Aufenthaltsraum auf einem Schiff (Kajüte), in dem auch die Mahlzeiten der Besatzung eingenommen werden.

Satellitennavigation, die
Ein globales Navigationssatellitensystem ist ein System zur Positionsbestimmung und Navigation auf der Erde und in der Luft durch den Empfang der Signale von Navigationssatelliten.

Sat-Telefon (Satelliten-Telefon), das
Es ermöglicht durch Kontaktaufnahme mit und über einen Satelliten an jedem Punkt der Erde eine Telefonverbindung ohne die Inanspruchnahme landgebundener Sende- und Empfangsstellen.

Schäkel, der
Handlicher, unterschiedlich verschließbarer Bügel aus rostfreiem Stahl, verzinktem Eisen oder Spezial-bronze, der als Verbindungselement zwischen Blöcken, Leinen, Segeln, Ketten und Takelageteilen aller Art dient.

Schamfilen
Berühren, scheuern, reiben und durch langanhalten-den Kontakt beschädigen. S. tritt insbesondere beim Festmachen an → *Vorleine*, → *Achterleine* o.ä. oder an Segeln und Teilen der → *Takelage* sowie des → *stehenden und laufenden Gutes* auf.

Schapp, das
Ein Schrank, ein Spind, ein Schubfach oder auch ein
kleiner Raum an Bord.

Schifffahrt, die
Unter Sch. versteht man die Benutzung von Wasserfahrzeugen auf Binnengewässern und Meeren zu
unterschiedlichen Zwecken, vor allem zur gewerbs-
mäßigen Beförderung von Personen und Gütern.

Schiffer, Schipper, der (Skipper)
Der → *nautisch* und juristisch verantwortliche Füh-
rer eines Schiffes, in der Handelsschifffahrt Kapitän.

Schiffsort, der
Der → *gegisste* oder → *wahre Ort* als Position eines
Bootes oder Schiffes auf See, der durch geographische → *Länge* und → *Breite* oder in Bezug auf eine →
Kurslinie angegeben wird. Man kann den Schiffsort
durch → *terristische*, → *astronomische*, Funknavigation oder Satellitennavigation erhalten.

Schiffsortbestimmung, die
Die Bestimmung des → *Schiffsortes* durch
entsprechende Hilfsmittel der → *Navigation*,
z.B. Handpeilkompass, → *Sextant*, → *Lot*, u.a.
mit den entsprechenden Navigationsverfahren.

Schiffsposition, die →*Schiffsort*

Schiffsicherheit, die
Gesamtheit aller Maßnahmen, um die in internationalen und nationalen Vorschriften behandelten

Sicherheitsstandards von Schiff, Ausrüstung und Besatzung zu erfüllen.

Schiften, das

Das Übergeben der Segel auf einem → *Vorwindkurs* von einer Bootsseite zur anderen, praktisch ein → *Halsen* → *platt* → *vor dem Wind* ohne Kursänderung.

Schlagpütz, die

→*Pütz*

Schlingern

Die periodische Drehbewegung eines Bootes um seine, in Richtung der Wasserlinien verlaufende, annähernd waagerechte Längsachse.. Man nennt diese pendelartigen Schwankungen des Bootes von →*Backbord* nach →*Steuerbord* oder von →*Luv* nach →*Lee* auch Rollschwingungen oder →*rollen*.

Schmetterlingssegeln

ist →*Segeln vor dem Wind*, bei dem man diesem den größtmöglichen Widerstand entgegen setzt, indem man das →*Großsegel* per →*Bullenstander* auf der einen Seite fixiert und das →*Vorsegel* auf der anderen Seite setzt, ggf. dort auch ausbaumt (siehe →*ausbaumen*).

Schnappschäkel, der

Auch Patenschäkel genannte Schäkelart, die sich durch Betätigung eines Federbolzens öffnet und durch Zuschnappen schließt.

Schot, die

Die meistens durch → *Blöcke* geführte und als → *Talje* geschorenen → *Leine*, die entweder an einem → *Baum* oder am → *Schothorn* des Segels selbst angreift und eine seitliche Bewegung des Segels querschiffs erlaubt. Jede S. ist nach dem Segel benannt, das es bedient. (→ *Großschot*, → *Fockschot*, → *Spinnakerschot* u.a.) Sie kann den → *Anstellwinkel* des Segels verändern und durch entsprechendes → *Auffieren* oder → *Dichtholen* auf allen → *Kursen* zum → *atmosphärischen Wind* für einen → *optimalen* Anstellwinkel der entsprechenden Segel sorgen. Die S. gehört zum → *laufenden Gut*, wird durch die Führung von Leitösen, Leitblöcken o.ä. sowie durch ihre Befestigung in Schotklemmen stark belastet und daher aus Polyesterfasern hergestellt, die keinen → *Reck* haben.

Schothorn, das

Die → *achtere* untere Ecke eines Segels, wo sich → *Unterliek* bzw. → *Baumliek* und → *Achterliek* treffen.

Schott, das

Eine Trennwand an Bord, auf → *Yachten* meistens → *querschiffs* als Querschott und seltener → *längsschiffs* als Längsschott angeordnet, oft mit einem Schottdurchgang, der durch eine Schott-Tür verschlossen wird. Mit Hilfe mehrerer hölzerner Schotten lässt sich ein Boot in unterschiedliche Räume, ein Schiff durch wasserdichte Schotten in mehrere Sicherheitsabschnitte unterteilen.

schralen (des Windes)
Eine ungünstige Winddrehung bei unverändertem
→ *Kurs*, bei der der Wind → *vorlicher* einfällt.
Das S. kann entweder durch eine Richtungsände-
rung des wirksamen → *Bordwindes* erfolgen und nur
von kurzer Dauer sein oder eine Richtungsänderung
des → *atmosphärischen* oder → *wahren Windes* als
Ursache haben.

Schratsegel, das
Ein Segel, das → *längsschiffs* stehen und (weitgehend) senkrecht gesetzt werden kann.

Schrattakelung, die Im Gegensatz zur Rahtakelung
die → *Takelage*, die ausschließlich → *Schratsegel*
verwendet. Alle modernen Jollen und Yachten benutzen die S., die man nach den unterschiedlichen
Kombinationen von Masten und Segeln als Slup-,
Kutter-, Ketsch-, Yawl- und Schonertakelung bezeichnet, aber nach ihrem prinzipiellen Unterschied
auch
Gaffel-, Hoch-, Spriet-, Lugger- oder Lateinertake-
lung nennt.

Schrick, der
Etwas Lose zum Schricken einer Leine, z.B. eines
→ *Festmachers* oder eines → *Falls*. Das bedeutet,
eine belastete → *Leine* ganz wenig → *fieren* und
dann wieder sicher festhalten.

Schwalbennest, das
Kleiner, in der → *Kajüte* und hinter den Sitzbänken
der → *Plicht* eingebauter, mit Rundumblenden

gegen das Herausrutschen des Inhaltes versehener Stauplatz.

Seefahrt, die

Über den kommerziellen Begriff → *Schifffahrt* hinausgehende Bezeichnung der mit dem Befahren der See verbundenen Angelegenheiten, wie es in Seefahrtsbuch, Seefahrtsschule, Seefahrtsamt u.a. zum Ausdruck kommt. Im juristischen Sinne z.B. bei einem Führerschein für Segler das Gebiet, das außerhalb der Küstenfahrt liegt, oder im Sinne des Flaggenrechtsgesetzes die Schifffahrt, die seewärts der Staats-Landesgrenze betrieben wird.

seefest

1. Auf Personen bezogen Seebeine haben, nicht unter Seekrankheit leiden.
2. Auf Yachten bezogen seefähig, seetüchtig.

Seegang, der

Die Wellenbewegungen der See, die entweder durch die →*Windsee* oder durch Dünung, meistens durch beide gleichzeitig hervorgerufen und durch den → *Strom* beeinflusst wird.

Seekarte, die

Kartographische Darstellung eines begrenzten See- oder Küstengebietes nach der winkeltreuen und flächenähnlichen Mercartor-Projektion, in die die Loxodrome und damit die → *Kurslinie* als Gerade erscheint und alle → *Peilungen* als gerade Linien eingetragen werden können. Eine S. enthält alle wichtigen Unterlagen für die → *Navigation*, z.B. die

Wassertiefen und Tiefenlinien, Angaben über Grundbeschaffenheit, Untiefen, Klippen, Riffe, Wracks und Unterwasseranlagen, Strömungen, Sperrgebiete, den Küstenverlauf mit Landmarken, Ansteuerungslinien, Fahrwassern sowie Seezeichen, Leuchtfeuer, Funkfeuer und Küstenfunkstellen,. In die S. werden → *Kurse,* → *Peilungen,* → *Lotungen* und andere Messungen eingetragen und der gemessene oder → *gekoppelte Weg* eingezeichnet.

Seekoje, die
Eine Koje mit → *Leebord,* auch Lotsenkoje genannt, die auf der → *Luv-seite* eines → *krängenden* oder → *schlingernden* Bootes benutzt werden kann, und in der Schläfer gegen Herunterrutschen unter allen Bedingungen sicher geschützt sind.

Seemannschaft, die
Sammelbezeichnung für die Kenntnisse und Fertigkeiten eines Seemannes, auch als Ausbildungsfach an Berufs- und Fachhochschulen neben → *Navigation,* Wetterkunde, Schifffahrtsrecht u.a. gelehrt und geprüft. Für den Segler ist die S. neben dem seglerischen Wissen und Können die Erfahrung, die es ihm ermöglicht, mit jeder Lage auf See fertig zu werden. Im engeren Sinne gehören zum Fachbereich der S. das Manövrieren, Manöver aller Art, Knoten und Spleißen, das Verhalten in Seenot, bei Mann-über-Bord-Manöver u.v.m.

Seemeile, die
→ *Nautisches* Längenmaß, das durch die Größe der Bogenminute auf einem → *Großkreis* der Erdkugel =

$$\frac{1}{360 \times 60}$$ des Erdumfanges

gegeben ist. Der Umfang der Erde, ein „größter Kreis", beträgt 40.000 Km.
Drückt man diese Länge in Bogenminuten aus, also 360° x 60 = 21600 Bogenminuten, so ergibt sich als Länge einer solchen Meridianminute 40 000 000 : 21 600 = 1852 m.
Eine Seemeile ist also 1852 m lang. Der Seemann misst die Entfernung zweier Orte auf See, die Distanz, in Seemeilen (sm), die Geschwindigkeit des Schiffes, die → *Fahrt*, in → *Knoten* (kn) Legt ein Schiff in einer Stunde 1 sm zurück, ist also seine Geschwindigkeit, die Fahrt, 1 sm pro Stunde, so läuft es 1 kn.

Segelmanöver, das→Manöver

Segeltrimm, der
Die Arbeit der → *Crew*, das oder die Segel auf dem gewählten → *Kurs* so einzustellen, dass sie als aerodynamische Profile ihre optimale Leistung vollbringen.

Sextant, der
Winkelmessgerät zur → *Schiffsortbestimmung*, in der → *astronomischen Navigation* für die Höhenmessung eines Gestirns über der → *Kimm*, in der → *terristischen Navigation* für die Höhenmessung von Landobjekten oder die Messung des Horizontalwinkels zwischen zwei Punkten.

Sicherheitseinweisung, die

Sie dient dazu, die Crew mit den Sicherheitseinrich-
tungen einer Yacht vertraut zu machen, z.B.
Rettungswesten, Rettungsinsel, Feuer an Bord,
Lenzpumpen, Notpinne, Luken, Gasflasche,
Winschenbedienung, Seeventile Funkgerät,
Seenotmittel u.v.m.

Skipper, der
Engl. Form für → *Schipper* oder → *Schiffer*

Smut, Smutje, der
Übliche Bezeichnung für den Bordkoch
(Schiffskoch)

Spiere, die
1. Allg. Bezeichnung für ein → *Rundholz*
(z.B. → *Großbaum*, Fockbaum, Rah u.a. mit
Ausnahme des → *Mastes*.
2. Sammelbezeichnung für alle weiteren Stangen,
z.B. die Backspiere. Diesbezüglich spricht man auch
von Spierentonne u.a.

Spinnaker, der (Kurzform: Spi)
Ein großflächiges, ballonähnliches → *Beisegel*,
das auf → *raumen* → *Kursen* gefahren wird.

Spinnakerbaum, der (Spi-Baum)
Eine als Ausleger erlaubte → *Spiere* zum Ausbaumen
des → *Spinnakers* an der → *Luv*-Seite.

Spinnakerfall, das (Spi-Fall)
Die → *Leine* zum → *Heißen* und → *Fieren* des
→ *Spinnakers*, die am → *Kopf* des Segels angreift und

von → *Deck* oder von der → *Plicht* aus bedient wird.

Spinnakerschot, die (Spi-Schot)
Die → *Schot* des → *Spinnakers*. Sie führt vom
→ *Schothorn* auf der → *Leeseite* außen um die
→ *Wanten* herum zu einer möglichst nahe am
→ *Heck* liegende Umlenkrolle und wird aus der
→ *Plicht* bedient. Nach dem → *Schiften* des → *Segels*,
wir die S. zum Spinnaker-Achterholer.

Stag, das
Das zum → *stehenden Gut* gehörende Drahttauwerk,
das den → *Mast* → *längsschiff*s hält. Gemäß der
Richtung unterscheidet man Vorstag (→*vorn*),
Achterstag (→*achtern*) und Back-stag
(→*Back-* und →*Steuerbord*).

stampfen
Die Bewegung eines Bootes im → *Seegang* um seine
waagerechte Querachse, bei der → *Vor-* und
→ *Achterschiff* abwechselnd stark ein- und
austauchen.

Stand, der
Auf ein → *Chronometer* bezogen die Anzahl Minuten
und Sekunden, um die es gegenüber der Weltzeit
eins (UT 1) zurückbleibt (**+** = positiver S.) oder
vorgeht (**-** = negativer S.)

Stander, der
Eine dreieckige Erkennungs- oder Signalflagge mit
zweckentsprechendem unterschiedlichen Seitenver-
hältnis:

1. Als Hilfsstander
2. Als Clubstander
3. Als Rennstander

Stauen
Ausrüstungsgegenstände, → *Proviant* (in der Berufsschifffahrt auch Ladung) vorteilhaft und → *seefest*
verpacken oder lagern, d.h. platzsparend, sachge-
mäß und schnell erreichbar.

Steckschott, das
→Schott

stehendes Gut, das
Das Drahttauwerk und die Profilstagen (aus massiven Stangen), die zur → *Takelage* gehören, nicht
zum Bedienen der Segel benutzt werden und bei allen
→ *Manövern* (im Gegensatz zum → *laufenden Gut*)
stehen bleiben. Zum s.G. gehören → *Wanten,*
→ *Stagen*, Pardunen u.a.

Stek, der
Eine Bezeichnung für seemännische Knoten, bei denen die → *Tampen* durch → *Augen* oder → *Buchten*
zu „stecken" sind. Zum Verbinden von → *Enden* benutzt man z.B. Schotstek, Stopperstek, zum
Festmachen Webeleinstek, Roringstek und Palstek,
zum Anstecken von Enden Pützenstek u.a.

Steuerbord, das (der)
Rechts an Bord und rechts außerhalb vom Boot,
von → *achtern* nach vorn gesehen. Die Bezeichnung

stammt aus der Zeit, als das → *Ruder* zum Steuern
noch seitlich, am oberen Bord, dem S. befestigt war,
während die andere Seite, der der Steuermann den
Rücken drehte, → *Backbord* genannt wurde.

Steuerbordbug, der

Ein Boot segelt über S., wenn die Segel über der
Steuerbordseite stehen und mit Steuerbordschoten
geführt werden.

Steuerbordseite, die

In Fahrtrichtung gesehen die rechte Bootsseite.

Steuerkurs, der

Der am → *Magnetkompass* oder Steuerkompass
anliegende → *Kurs*, der durch → *Kursverwandlung
(Kursberichtigung)* in einen → *missweisenden* und
→ *rechtweisenden* → *Kurs* bzw. umgekehrt verwandelt werden kann.

Steuertafel, die

Eine Zahlentafel, in die man mit dem → *missweisenden Kurs* eingeht, um die entsprechende → *Deviation*
zur Ermittlung des → *Kompasskurses* zu erhalten.
Umgekehrt kann man auch mit dem → *gesteuerten*
→ *Kurs* eingehen und erhält dann die → *Deviation*
für die Umrechnung in einen → *missweisenden Kurs*.
Die Werte für die S. entnimmt man der → *Deviationstabelle* oder der *Deviationskurve.*

Strom, der

Kurzform für Tidenstrom, aber auch für Strömung
(eines Flusses), Meeresströmung u. a.

Nautisch ist S. der Sammelbegriff für alle Einflüsse strömenden Wassers.

Stromversetzung, die
durch → *Strom*, d.h. Strömung und/oder Tidenstrom bewirkte Versetzung von einem → *gegissten* zu einem → *wahren Ort*.

Takelage, die – Takelwerk, das
Das gesamte Geschirr, das zum Ausnutzen der Windenergie an den Segeln notwendig ist. Dazu gehören → *Masten* und →*Spieren*, das → *stehende* und → *laufende Gut* mit dem gesamten Tauwerk und Blockwerk, alle → *Taljen* und sämtliche Beschläge.

Talje, die
Eine Kombination von Tauwerk und → *Blöcken*, um nach dem Prinzip eines Flaschenzuges mit relativ einfachen Hilfsmitteln die Arbeit zu erleichtern.

Tampen, der
1. Ein Tau, ein (kurzes) Stück → *Tauwerk*, ein kurzes →*Ende*.
2. Das Endstück einer → *Leine* oder → *Trosse*. Jedes → *Ende* besitzt also zwei „Tampen".

Tauwerk, das
Sammelbezeichnung für alle an Bord benutzten → *Leinen*, → *Trossen*, Drahtseile.

terristische Navigation, die
→ *Navigation* an der Küste mit Hilfe von Landmarken und anderen Punkten der Erde, dem Grund und der auf ihm verankerten schwimmenden

Seezeichen, zum Unterschied zur → *astronomischen*,
→ *satelliten*- und → *Funknavigation*.

Törn, der
hier: Seetörn im Sinne von Reise

Topp, der
Allgemein: Spitze, insbesondere bei → *Mast* und
→ *Stenge*, aber auch bei Seezeichen oder Tonnen,
die mit Toppzeichen versehen sind. Ebenfalls in Verbindung mit Topplicht, Topplaterne, Topptakelung
u.a. benutzt.

Topplicht, das
Ein weißes Licht, das nach der Seestraßenordnung
von vorn bis 112,5° nach jeder Seite scheint und
mindestens 2 bis 3 bzw. 5 sm weit sichtbar sein
muss. Es wird in der Topplaterne gezeigt.

Toppnant, der
Haltetau, das eine auf einer Seite mit dem → *Mast*
verbundene → *Spiere* waagerecht hält und dabei
schräg nach oben in Richtung auf den Topp führt.
Ein T. greift bei einer Rah an deren äußerer Spitze
(→ *Nock*), bei einem → *Spinnakerbaum* auch in der
Mitte an.

Trimm, der (Trimmlage, die)
Die waagerechte Schwimmlage eines Bootes in
Längsrichtung.

trimmen
1. Im Sinne von → *Trimm* in die richtige gleichlastige

Schwimmlage in Längsschiffsrichtung oder in eine gewünschte Trimmlage bringen.
2. Im Sinne von einüben, erproben bzw. einsatzklar, regattafähig machen, z.B. Einfahren neuer Segel
3. In Bezug auf den Schwerpunkt des Bootsrumpfes auch die Abstimmung des Segeldruckpunktes auf den Lateraldruckpunkt im Sinne eines Richtungsgleichgewichtes und das T. der Segel auf ihre optimale Leistung als aerodynamische Profile. Dieses T. erfolgt z.B. mit der → *Schot*

Trosse, die
Sammelbezeichnung für schweres Tauwerk von normalerweise über 25 mm Durchmesser, das als → *Festmacher*, Schlepptrosse, Ankertrosse benutzt wird.

unter Deck
→*Deck*

Unterflurspinnaker, der
Umgangssprachlich: Schiffsmotor, der anstelle eines Segels zum Vortrieb eines Segelbootes eingesetzt wird.

Unterliek, das
Die untere Kante eines Segels zwischen → *Hals* und → *Schothorn*. Das U. kann auch an einem → *Baum* gefahren werden und dabei der Länge lang beispielsweise in eine → *Keep* des → *Großbaumes* eingezogen sein oder auch als loses Unterliek arbeiten.

UTC

Abk. für Universal Time Coordinated oder koordinierte Weltzeit

Verbesserung

→*Kursberichtigung*

verholen

Ein Boot ohne Segel und Motor von einem Liege-platz zu einem anderen, zu einem Ankerplatz, an ei-nen Slip o.ä. bringen und es dabei mit Verholleinen, mit → *Bootshaken*, von Hand oder nur mit dem Anker bewegen.

Verklicker, der

Allgemein ein Windrichtungsanzeiger, der aus ei-nem Flögel auf dem Masttopp, aus einfachen Wind-fäden oder aufwändigeren Geräten am jeweiligen Luvwant besteht. Der typische V. ist eine Drehvor-richtung mit dem Stander oder der Rennflagge in o-der an einem Drahtrahmen.

versetzen

hier: Eine → *nautische* Ortsveränderung im Sinne von verschieben.
1. Ein Boot kann durch Meeresströmung oder Tidenstrom versetzt werden.
2. Es kann durch Wind oder → *Abdrift* versetzt werden.

Verstauen, das

seefestes verpacken (unterbringen) der gesamten Ladung (Güter, Schiffsausrüstung, Proviant,

Bekleidung u.v.m.) in eigens hierfür vorgesehen Räumen und Schränken.

Vordeck, das
Die vor dem → *Mast* oder dem → *Kajütaufbau* liegenden Bereiche des → *Decks*, die oberste Abschlussfläche des → *Vorschiffs*. Das V. kann auch ein Backdeck sein.

vor dem Wind
Mit dem → *atmosphärischen* und → *scheinbaren Wind* genau von → *achtern* und weit → *aufgefierten* → *Schoten* auf einem → *Vorwindkurs* segeln.

vorlich
Richtungsangabe auf dem eigenen Boot in Bezug auf mittschiffs (querschiffs) und außerhalb des Bootes von querab nach voraus.

Vorliek, das
Die vordere Kante eines → *Schratsegels*, die bei einem → *Vorsegel* mit Stagreitern, bei einem Mastliek mit
→ *Rutschern* versehen sein kann.

vorn
An Bord in Richtung zum → *Bug* (nach vorn blicken oder gehen). Aus der Fahrtrichtung kommend (Wind und See kamen von vorn). Der vordere Teil des Bootes (→ *Festmacher* loswerfen).
Gegensatz: → *achtern*.

Vorschiff, das
Der Vorderteil des Bootes von → *mittschiffs* bis zum
→ *Bug*, in dem die Breite nach vorn kontinuierlich
abnimmt.

Vorschiffskammer
→*Kammer* (im Vorschiff)

Vorsegel, das
Ein vor dem → *Mast*, bei Yachten mit mehreren Masten vor dem vorderen Mast gefahrenes Stagsegel.
Bei Sluptakelung benutzt man nur ein V., die *Fock*,
bei der Kuttertakelung daneben noch ein zweites V.,
den Klüver, ggf. sogar noch den Flieger.

Vorwindkurs, der
Ein Kurs mit → *aufgefierten* → *Schoten* genau in
Richtung der → *Windachse*, auf dem das Segel nicht
mehr als aerodynamisches Profil umströmt wird,
sondern weitgehend nur als Windfang arbeitet und
der relative → *Bordwind* um den Betrag der → *Fahrt*
schwächer als der umgebende → *atmosphärische
Wind* ist. (Segeln vor dem Wind).

Wache, die
1. Auf Yachten (nur als Seewache) die routinemäßi-
gen Bordarbeiten der Besatzung, um jedem in der
→ *Freiwache* genügend Zeit für Schlaf und Erholung
zu geben.
2. Bei einer mehrköpfigen Besatzung die Gruppe der
→ Crew, die W. hat und auf Yachten umschichtig im
Törn von 2 (Steuerbord- und Backbordwache) oder
3 Wachen mit je 2 – 5 Seglern eingeteilt wird. Die

Dauer der Wache kann unterschiedlich lang sein und je nach Erfordernissen oder Erfahrung bei Tag und Nacht unterschiedlich lang sein.

wachfrei
Ein Mitglied der → *Crew*, das keine → *Wache* hat oder geht. Auf See muss jeder → *Freiwächter* nur bei einem Alle-Mann-Manöver mitarbeiten.

Wachsystem, das
Organisation des Schiffsbetriebes durch die Besatzung nach einem Dreiwach- oder Zweiwachsystems.

Wachwechsel, der
Ablösung einer Wache durch die nachfolgende Wache.

wahrer Ort, wahrer Schiffsort, (der)
Der durch → *terristische*, *astronomische* bzw. → *Satellitennavigation* oder durch Funkpeilungen ermittelte tatsächliche Standort, im Gegensatz zum → *gegissten Ort* oder einem → *Koppelort*.

wahrer Wind (der)
Die auf einen erdverbundenen Beobachtungsort (am Liegeplatz, vor Anker o.ä.) bezogene Wind-richtung und Windstärke, im Gegensatz zum Bezugssystem des fahrenden Bootes, auf dem der w. W. in Richtung und Stärke nur aus dem relativen → Bordwind und der → *Fahrt* bzw. dem Fahrtwind berechnet werden kann. Der w. W. erzeugt die →*Windsee*.

Want, das (Wanttau, das), die Wanten (Plural)
Das Drahttauwerk oder die massiven Stangen, die
zur seitlichen Verspannung des → *Mastes* dienen.
Ein W. gehört zum → *stehenden Gut* und hält den
→ *Mast* → *querschiffs*. Ein W. ist mit einem → *Pütting*
oder Rüsteisen am Rumpf befestigt.

Wantenspanner, der
Eine Spannschraube, die zwischen → *Want* und
→ *Pütting* befestigt ist, um dem → *stehenden Gut*
die gewünschte Festigkeit und Spannung zu geben.

Wenden, das - wenden
Mit einer → *Kursänderung* verbundenes → Segelmanöver, bei dem das Boot mit dem → *Bug* durch
den Wind geht und von einem Bug auf den anderen
dreht.

westliche Länge
→*Länge*

Wetterlage, die
Abgeschlossene Übersicht über die meteorologi-
schen Vorgänge in dem Gebiet, für das die Wettervorhersage bestimmt ist, oder die sich bis diesem
Zeitpunkt dort abspielten, wo sie das Vorhersagege-
biet beeinflussen.

Windachse, die
Die Richtung des atmosphärischen Windes.
Die Senkrechte zu dem von ihm als → *Windsee*
aufgebauten und in Richtung der W.
schwingenden Wellensystems.

Windrichtung, die
Die Richtung, aus der der Wind kommt.

Windsee, die
Die durch den Wind in seiner Windrichtung und mit seiner Windstärke verursachte und sofort beginnende Bewegung der Wasseroberfläche.

Yacht, die
Ein Wasserfahrzeug, das ausschließlich dem Vergnügen, dem Sport oder der Repräsentation dient.

Zeising, Zeiser, Seising, der
Kurze Enden von Tauwerk, Bänder oder vernähte Streifen Segeltuch, mit denen sich ein aufgetuchtes Segel nach dem Bergen oder vor dem Setzen so „zeisen" (festschnüren, zusammenbinden) lässt, dass der Wind es nicht hochwehen kann.

Zyklon, der
Tropischer Wirbelsturm, der in den Monaten April bis Dezember im nördlichen Teil des Indischen Ozeans vorkommt.

Zyklone, die
Ein Tiefdruckgebiet (nicht zu verwechseln mit Zyklon).

*) Hinweis: Die in diesem Buch verwendeten nautischen/seemännischen Begriffe wurden zum Großteil der

6. erweiterten und verbesserten Auflage des „Segler Lexikon", Herausgeber Joachim Schult, erschienen im Delius Klasing Verlag unter ISBN 3-87412-060-0

entnommen.

Dieses Lexikon enthält mehr als **4.500** Fachausdrücke, bei deren Auswahl sich dessen Autor bemüht hat, die bewährte und eingeführte Seglersprache in dieser Zeit des Umbruchs unverfälscht und richtig zu erhalten, gleichzeitig jedoch auch die neuen Begriffe einheitlich und gültig zu vermitteln.

Die in meinem Buch verwendeten Begriffe wurden meist wörtlich übernommen oder werden - soweit es für das Textverständnis ausreichend oder erforderlich ist - in verkürzter Form oder geringer Abwandlung wiedergegeben und/oder durch andere Quellen ergänzt.

Weitere Quellen:

+   Wikipedia-Links: u.a. „Schifffahrt" und „Seemannssprache" usw.
+   div. Seglerportale im Internet
+   div. Lehrbücher für die Segelscheine „A" bis „SHS"
+   sowie Fachliteratur des DHH, z. B. „Seemannschaft"

Zum Buch

Was bringt einen Segler dazu, in einem Jahr, für das Klimaforscher und Wetterexperten eine ungewöhnliche Häufung von Tropischen Wirbelstürmen und Hurrikans prognostiziert hatten, freiwillig und mit einer ihm unbekannten Crew in der Vorweihnachtszeit über den Atlantik zu segeln? Das Buch liefert die Antworten. Es lässt die Vorfreude und Erwartung auf das großartige Ereignis einer Atlantiküberquerung auf einer Hochseeyacht spüren und nimmt den Leser mit auf diesen ungewöhnlichen Segeltörn. Ihm wird das Gefühl vermittelt, ein Teil der Crew zu sein, mit der er die unendlichen Weiten des Atlantiks „durchlebt". Eindrucksvoll werden darin Neugier, Abenteuerlust und besondere seemännische Herausforderungen beschrieben und es entsteht ein Bild, das die klischeehafte Vorstellung eines Atlantiktörns auf der „Barfußroute" in einem anderen Licht erscheinen lässt.

Zum Autor

Karl-Heinz Hapke bezeichnet sich selbstironisch als „Jungautor im Rentenalter". Als solcher hat er sich auf der Suche nach einem sinnvollen Hobby zur Aufgabe gemacht, seine Erinnerungen und Erfahrungen aus über 70 Lebensjahren zu Papier zu bringen und für den interessierten Leser in Buchform zu veröffentlichen. Sein erstes Buch erschien im Februar 2015. In diesem nimmt er den Leser mit auf seine ungewöhnliche Fahrradreise von der Ostsee bis zu den Alpen und lässt ihn teilhaben an seinen Erlebnissen.

In *„Ungebremst von Null auf 1000"* (ISBN 978-3-7375-3148-1) „erfährt" der Leser Deutschland auf dem Fahrrad mit den Augen eines rüstigen Pensionärs zu Bedingungen, wie der Autor sie gerne schon als Jugendlicher erlebt hätte.

Weitere Bücher von ihm sind *„Vom Rennsteig zur Weser"* (ISBN 978-3-7412-7265-3) und *„Von Schleswig nach Laboe"* (ISBN 978-3-7448-5565-5), in denen er kurzweilig von den Erlebnissen auf seinen wunderbaren Fahrradreisen erzählt.

Karl-Heinz Hapke wurde 1943 als zweites von vier Kindern in Travemünde an der Ostsee geboren. Was lag da näher als der Wunsch, Kapitän auf Großer Fahrt zu werden. Doch statt Tanker, Fracht- oder Kreuzfahrtschiffe um die Welt zu navigieren, erlernte er auf einer Werft zunächst den Beruf eines Starkstrom- und Schiffselektrikers, wurde später Reserveoffizier bei der Bundeswehr, verließ nach dem Studium und verschiedenen Verwendungen im Kieler Raum aus beruflichen Gründen die Küste und zog ins Rheinland nach Bonn. Dort war er bis zu seiner Pensionierung 29 Jahre lang als höherer Beamter in einem Bundesministerium tätig. Seine Traumschiffe sind jetzt Hochseeyachten, die er seit vielen Jahren als Urlaubs- und Freizeitskipper über die Meere segelt. Mit seiner Ehefrau Ute ist er seit über 50 Jahren verheiratet. Gemeinsam haben sie eine Tochter und einen Sohn sowie zwei Enkelkinder. Mit ihnen zusammen bewohnt er jetzt ein Haus in der Nähe von Eckernförde.